I0486904

Moderne slavernij in het systeem

John Baselmans

Curaçao, 2009

This book is written by
John Baselmans

Photos and illustrations are from the hand of
John Baselmans

With thanks to all those people who are supporting me.

Copyrights

I won't put all the usual "don'ts" here, but I hope that you respect my work.
At least let me know when you use any part from this book.
You will find my address on my website
http://www.johnbaselmans.com.

Thank you.

ISBN 978-1-4092-5909-1

Moderne slavernij in het systeem

Voorwoord

Zoals ik al aanhaalde in de introductie op de achterkant, dit boekje zal bestaan uit twee delen, te weten: De laatst gepubliceerde stukken die grotendeels gepubliceerd zijn in de lokale kranten en een tweede deel waar ik mijn gedachtegang wil beschrijven achter de 200 ingezonden stukken.

Er is in de jaren veel gebeurd en ik had me duidelijk een doel gesteld. Een doel waar een project voor nodig was om dat te bereiken. Het is me uiteindelijk gelukt om alles in kaart te brengen en ook om er een volledige documentatie voor te leggen in de twee verschenen boekjes.

Zeer veel is er gebeurd in deze tijd en er is nog meer losgemaakt dan verwacht. Ik ga in deel twee dieper op de stukjes in. Veel tegenwerking is er geweest, zowel lokaal als internationaal en vele stukjes werden 'negatief' gezien en zelfs 'aanvallend'. Dat was een misvatting van velen en een bewijs dat mensen maar slecht hun taal beheersen en lezen. Weinig mensen kwamen erop om ze te zien als kritisch of signalerend en dat de stukjes zaken constateerden die op ons eiland speelden. Waar ik mee bezig was, was het maar een kleine groep die dat door had. Het mooie was, dat grote zakenlui, politici, bestuurders en andere personen erin trapten in de manier zoals dingen naar buiten kwamen.

Er was nog wat meer met die stukjes aan de hand. Op een gegeven moment werd dat aangevoeld door de twee Nederlandstalige kranten die alsmaar bleven publiceren wat er door mij geschreven werd.

De stukken, van mijn hand, kwamen frequenter en waren dieper van inhoud. Voor hen onverklaarbaar en kennelijk hadden zij ook niet verder over nagedacht wat daar achter zat.

Ik genoot van deze tijd. Het project en mijn opzet zijn geslaagd. Er wordt veel onder de lokale burgers over gesproken. Hoe de mensen reageerden was mooi om te zien en zeker te lezen. Vele mensen hebben hiermee werkelijk hun ware aard getoond.

Ok, voor zover het voorwoord.

Veel leesplezier en zet al uw registers maar vast open.

John Baselmans

Hoofdstuk 1   Ingezondenstukken deel 2

Hoofdstuk 2   Achtergrondinformatie

HOOFDSTUK 1

Ingezondenstukken deel 2

Goed landbouwnieuws

Al vele jaren zwoegen onze landbouwers hier op Banda'bou om ook erkend te worden en dat ze hun werk kunnen doen het gehele jaar door. Alsmaar hebben we hoge bestuurders op bezoek, maar veel verandert er tot op heden nog niet. Wel lezen we in de kranten en horen we dat er meer lokaal verbouwd moet gaan worden, maar dan is onze vraag, Hoe? Zonder water zal er geen zaad in zijn hoofd halen om te ontkiemen en zijn kop in de gloeiende zon uit te steken. Water, dat is waar alles om draait en waar in de stad voldoende van is, maar waar wij op Banda'bou verstoken van zijn. Geen water in de grond, geen waterzuivering of aanvoer van de zijde van LVV. Nog steeds werkt de waterzuivering Tera Cora niet en moeten we water uit de stad halen. Allemaal met trucks die we met ons zuur verdiende geld zelf moeten bekostigen.

Toch lijkt er regen aan de horizon te komen. Een groep actieve landbouwers hebben hun krachten verenigd en hebben: "Tera, Awa, Simia" (TAS) opgericht hier op Banda'bou. Een van hun hoofdtaken zal gaan worden de mensen wegwijs te maken om, voor minimaal eigen gebruik, landbouw te gaan bedrijven en de nadruk wordt gelegd op het, hoe en waarom, zelf wat te verbouwen. Ook hebben ze een geweldig plan om de watervoorziening voor de landbouwers te gaan reguleren en verzorgen. Met deze grootse plannen kan ik alleen maar zeggen: Mensen we heten u van harte welkom! Er is nu een groep die welwillend is om de landbouwers te steunen en ook bij te staan. Vol verwachting klopt mijn hart hoe onze gedeputeerden en verdere bestuurders deze welwillende groep gaan ondersteunen. Niet alleen met hun woorden, die we al vele jaren horen, maar in daden! "Tera, Awa, Simia" (TAS), succes met uw werk.

Olie-dom geheim

O wat worden we toch heerlijk om de tuin geleid. Reeds in juni 2006 schreef ik een ingezonden stuk waar rapporten open en bloot op internet staan. Deze pagina's worden met de week meer. Vele bedrijven verdringen zich om hier te gaan boren of onderzoek te verrichten want er is van alles te vinden volgens hen. Zodra we koolwaterstoffen aantreffen, toont dat aan dat er olie- en gasproducten aanwezig zijn en die kunnen onze economie gaan versterken! Onze economie of die van Nederland, Venezuela en enkele grote heren op het eiland? Geheim is mijn vraag, welk geheim? Want iedereen in de wereld is kennelijk op de hoogte, waar wij burgers niets van mogen weten. Ook wat er gaande is en gespeculeerd wordt met ons belastinggeld. Nee, we moeten dom gehouden worden! Laten we even wat ontwikkelingen van de laatste tijd op een rijtje zetten;

- Onze oude roestbak (ISLA) die kost wat kost open gehouden wordt en jaarlijks vele burgers het leven kost. Maar klaarblijkelijk een belangrijke schakel gaat worden als onze schat naar boven komt.
- Zeer belangrijke hooggeplaatste medeburgers die allemaal o zo stil achter de schermen al hun geld en investeringen zien groeien, door de positieve berichten uit het buitenland dat er een grote kans is op een grote vangst. Zelf zitten ze al in verschillende olie commissies, die zo dadelijk de dienst uit gaan maken.

- Niet te vergeten de politiek die zo in het geheim bezig is, dat ze niet meer weten waar ze over moeten praten.
- En als laatste, maar zeker niet de minst belangrijke, een Nederland dat kost wat kost een zeer grote vinger in deze eilanden wil behouden. Daar ook zij een graantje mee willen pikken van deze voorraad en ons nu afschepen met enkele miljardjes om onze mond te snoeren.

Allemaal bewegingen die steeds meer wijzen op de schatten die onder ons liggen. Nu gaan we verder wereldwijd kijken en dan zien we dat er al beleggingsmaatschappijen zijn voor onze toekomstige producten en zo ook al diverse compagnies zijn opgericht voor de verwachte olie en wie weet gas. De grote seismografische bedrijven staan rond te bazuinen dat ze gaan meten hier rond de eilanden. Ook APNA is er al ingedoken want deze kans mogen we niet missen (er wordt over "win-win" situatie gesproken) en we krijgen een nieuwe energie bedrijf, Curaçao Energy Company (Curenco) genaamd waar alles onder gebracht gaat worden. Geheim? Nee, met de huidige internet connectie kunnen we aan zeer veel materiaal komen. Maar helaas hebben onze politici dat nog niet door en blijven ze hun belachelijk spelletje spelen waar zelfs andere politici intrappen.

Nu is mijn vraag; wie is hier nu olie-dom?

Politieke doorbraak

Ik weet dat ik niet veel positiefs over onze politici schrijf, maar dat is ook werkelijk moeilijk als je ziet wat ze allemaal voor fratsen uithalen. Ze zijn stuk voor stuk kampioenen in het afschuiven, vooruitschuiven en het verdoezelen van zaken. Totaal geen initiatief nemend en zeker niet hun nek uitstekend, laat staan als werkelijke leiders zich te presenteren. Toch is er een man die steeds meer zijn doel aan het bereiken is en ook nog ten gunste van onze gemeenschap. Even eerst voorop stellen, ik heb totaal geen voorkeurspartij en ben totaal kleurenblind! Buiten de kleur zwart, dat de inkt is waar ik mee teken! Maar dat even terzijde.

De enige politicus op dit eiland die werkelijk wat betekent voor onze gemeenschap blijkt wel de heer Adriaans aan het worden te zijn. Deze man heeft al vanaf het prille begin een duidelijke lijn aan ons laten zien en hij heeft een visie die hij met hand en tand verdedigt. Nu ben ik niet altijd eens met zijn lijn, maar hij is wel een doorzetter en iemand die zijn mening duidelijk niet onder stoelen of banken steekt. Hij gaat er voor en bijt als een pitbull in de stof die hij denkt wat onjuist is. Voor mij is dat een ware politicus. Niet iemand die zus beweert en zo doet! Niet iemand die, zoals de meeste politici, iets beloven en waar nooit iets verder van gehoord wordt en dan inslapen op hun comfortabele stoel. Ook schuift hij geen dingen voor zich uit, maar gaat die dag al aan de slag. Juist of niet juist maar wel ondernemend! In ieder geval een man die doorzet en daden bij zijn woorden zet. De vruchten komen vanzelf en dat zien we nu wel met de KLM die aan het inbinden is en begint te zweten. En een UTS, waar alle hoog geplaatsten zitten te knijpen, bang dat er te veel naar buiten gaat komen. Ook worden er nu kansen geschapen voor andere bedrijven en worden zo de vriendjespolitiek en alleen rechten doorbroken. Gewoon, dit valt op in de Antilliaanse politiek. Ik wil u Heer Adriaans feliciteren met uw duidelijk beleid en de behaalde resultaten. U bent zeker een voorbeeld voor vele politici.

Angst de grootste vriend van kanker

Enkele dagen geleden las ik het voornemen om een kliniek te openen ter voorkoming van borst- en baarmoederhalskanker hier op het eiland. Ik juich alle goede voornemens toe op dit eiland maar ik herinnerde mij enkele artikelen van de afgelopen weken die ik gelezen had in wat dagbladen, twee medische vakbladen plus internet. "De angst voor kanker is de grootste boosdoener"!

Waar ging het om? Al geruime tijd wordt er getest met de nieuwste methodes. In de huidige kwantumfysica zijn vooraanstaande geleerden en doktoren er achter gekomen dat de zgn. "wonderen" van de mensen, die nog steeds leven met zware soorten kanker, een en dezelfde levensinstelling en energieveld hebben. Deze mensen gaan er, van het begin of aan, vanuit dat ze overleven en door kunnen gaan met hun dagelijkse taak. Mensen die hun levensstijl hebben veranderd en het leven positief zijn gaan zien. Ze stopten met alle therapieën en leven als een "wonder" tot vandaag! Zelf heb ik bij drie mensen dit "wonder" mogen aanschouwen en deze mensen lopen als een wonder, voor de medische wereld dan, nog steeds op deze aarde. Maar er is meer waarom kanker zo in de publiciteit is. Nu worden er al jonge kinderen ingeënt tegen baarmoederhalskanker. Jonge meisjes die totaal geen symptomen hebben en puur worden geïnjecteerd op basis van preventie. Wat bleek na enkele jaren, ruim 70 % van de meisjes krijgen de meest vreselijke ziektes, infecties of verlammingen. Allemaal op zeer jonge leeftijd en onderzoek wees uit dat dit komt door deze injecties. Gezonden kinderen worden, door de angst van hun ouders, geïnjecteerd met een middel wat soms dodelijke gevolgen heeft! Door de vele negatieve adviezen om de mensen kanker aan te praten, voordat ze het hebben, is nu in Europa en Amerika één vraag aan het herrijzen. "Is het wel goed om kanker preventief te gaan behandelen?" Steeds meer Europese, Amerikaanse ziekenhuizen en klinieken komen er van terug omdat de angst die opgelegd wordt aan de patiënt hoger en dodelijker is dan de kwaal zelf. Nu hollen we op dit eiland altijd achter de feiten aan en kennelijk is er door enkele personen nog niet degelijk een onderzoek gedaan of zo'n kliniek überhaupt nodig is. Ook zal het jammer zijn van al die investeringen want steeds meer stapt de medische wereld over naar de nieuwste kwantummethodes die al volop gehanteerd worden en daar al aardig wat lectuur over bestaat. Wij als FZOG patiënten zullen hier geen gebruik van kunnen maken daar ook deze kliniek niet betaald zal worden en zo zijn uitgesloten. In dit geval zie ik dat als positief, want wij oudjes worden zo niet onnodig ongerust gemaakt voor een ziekte wat grotendeels leeft op angsten die vele mensen hebben en een medische wereld die o zo graag daarop inhaakt. Hopelijk dat ook deze zienswijze in overweging wordt genomen door de nodige instanties voordat ze kapitalen gaan investeren in een reeds achterhaalde methode. Dat ze eerst contact gaan opnemen met de vele ziekenhuizen en klinieken in Europa en de United States die al weer gestopt zijn met al dat preventief gedoe. Laten we eens bij de tijd gaan worden en inhaken op de allernieuwste technieken en niet alsmaar achteraanhollen wat de wereld al achterhaald heeft.

Dierenleed vervolg

Al geruime tijd maak ik melding van het dierenleed op Banda'bou. Ik heb verscheidene malen stukken geschreven en zowel Dierenbescherming als de nodige instanties ingelicht over het leed wat hier gaande is.

Op 4 juni maakte ik melding over het leed op de vlakte van San Pedro en heb ook een aangifte gedaan bij de belaste ambtenaren die betaald worden om deze zaken te behandelen. Wat blijkt, en weer een bewijs is, dat de Dierenbescherming Curaçao niet op komt voor het leed van onze dieren. Gesprekken helpen niet en de eeuwige beloftes vallen in het niet bij deze foto's. Rest mij niets anders om het maar met foto's te zeggen daar woorden in het Nederlands kennelijk bij de Dierenbescherming niet doorkomen en begrepen worden. Welke hulp kan ik nog meer bieden dan ons terrein beschikbaar stellen voor deze dieren, hulp in de opvang en zorg voor de vele kneusjes? Wat kunnen we nog meer doen dan te blijven signaleren van deze wanpraktijken aan een organisatie die alleen via een airco gekoelde ruimte werkt en zich Dierenbescherming noemt? Dit eiland lijkt te groeien van het leed van de dieren zowel op land als in het water en worden alle regels van moeder natuur via herschreven wetten en louche praktijken overschaduwd. Laat de volgende beelden voor zichzelf spreken, ik ben aan het einde van mijn Latijn. Curaçao, slaap zacht.

Tambe un homenahe na Jan Boersma?

Al momento nos ta haya di lesa, danki Dios, hopi notisia positivo, en partikular for di nos deportistanan. Nos timnan super de beisbòl; Litle-, Junior- i Senior League i nos gran 'sprinter' Churandy. Tambe tur e deportistanan ront mundu ku nan tremendo prestashon. Ta di gaba con Prensa ta apoyá tur e hendenan aki i pone nan na grandi den korant. Ta loke nos muchanan y adultonan a traha p'e i a trein lunas, añas pa por yega asina leu. Pa nos, Antias, esaki ta un mehor propaganda pa pone Kòrsou mundial den un bon bista. E mionesnan den 'public relations' lo no por alkansá mas.

E promé personanan ta; Enith Brigitha ku a gana 2 biaha Bròns na 1978, no bou nòmber di Antias pero kada biaha si nan tabata anunsiá ku el a nase na Kòrsou. E promé ganador pa Antias den Olímpiko ta Jan Boersma, kende a logra di gana Plata ku 'windsurfen' den aña 1988. Ta masha tiki su nòmber a wòrdu menshoná komo ku e tèmpo ei Jan tabata tin e mal suerte ku no tabata tin tantu propaganda manera awor aki. El a trein den su oranan liber i riba su mes, spar pa su biaha y prepará su mes ku ayudo di algun pèrsonanan pa mustra su talento den un públiko inmenso. Que hubo, si nos duna Jan tambe awor su honor ku el a meresé manera nos kampionnan awor ta haña i loke ku e no por a haña e tèmpo ei. Jan, abo ta esun ku a trese e promé medaya olímpiko den kas.

Ta duel nos ku nos no tabata asina entusiasmá e tèmpo ei.

Ere aan Jan Boersma

Als we momenteel de kranten open slaan is het gewoon een genot het vele positief nieuws te lezen, zeker uit de sportieve hoek. Onze honkballers Little-, Junior- en Senior league en onze sprinter Churandy en ook de sporters die geweldige prestaties leveren rond de wereld in de vele landenploegen. Het is geweldig hoe de pers deze mensen allemaal stuk voor stuk in het zonnetje zet en ze groot vermeldt op hun pagina's. Het is waar deze kinderen en volwassenen weken, maanden en jaren voor getraind hebben om dan tot deze prestatie te komen. Een beter positieve reclame kunnen wij als Antillen niet hebben. En zelfs miljoenen in public relations zou ons niet beter op de kaart kunnen brengen. De voorlopers waren, Enith Brigitha met haar medailles (2 maal brons op de Olympics 1976), weliswaar niet onder de vlag van de Antillen maar duidelijk steeds bij vermeldend dat ze van Curaçao was. Ik weet nog goed dat ik mijn vader vroeg 'waar ligt eigenlijk Curaçao?' De enige man die ooit werkelijk onder de Antillen een medaille heeft gewonnen was Jan Boersma die op de1988 Olympics zilver won in het windsurfen (plankzeilen). Sporadisch wordt deze man vernoemd omdat hij de pech had dat er toen geen grote propaganda machine achter hem stond. Hij moest het in zijn vrije uurtjes trainen, sparen voor de reis en zich voorbereiden om voor een gigantisch publiek zijn krachten te meten met de wereld top. Ik zou willen voorstellen dat deze eerste held in de Olympics eens extra in het zonnetje werd gezet en dat hem de eer wordt toebedeeld die vele atleten/sporters nu wel krijgen in deze moderne Antilliaanse propaganda wereld.

Jan, jij bent de eerste en jij bent begonnen geschiedenis te schrijven voor de Antilliaanse sporters. Jammer dat we toen nog niet zo uitbundig waren maar jij hebt ze wel allemaal gemotiveerd.

Ook opgevallen?

'Heer Slier zet woorden om in daden'. Hij als ondernemer met de andere komende hotels op Jan Thiel schenken jaarlijks gezamenlijk 100.000 gulden aan Carmabi voor het beheer van de (vernielde) natuurgebieden en koralen!

Het is ongelofelijk mensen, deze projectontwikkelaars menen werkelijk dat ze alles kunnen kopen met geld! Ze vernielen maar raak, walsen alles plat, beloven van alles en kopen het af met een aalmoes! Heer Slier, mocht het u nog niet duidelijk zijn; Natuur is niet te koop! Stop gewoon met de mensen vals voor te lichten en geef toe dat er weer een stuk natuur boven en onder water zal verdwijnen! Kunt u het tegendeel bewijzen?

Positieve wending voor de dieren

Eindelijk, grote namen hebben zich verbonden aan de Dierenbescherming. Namen zoals Prof. Jaime Saleh, Enith Brigitha en Patrick Kluivert. Klinkende namen en sinds mei heeft onze Gouverneur Frits Goedgedrag zich als beschermheer over deze organisatie gestort. Kijk, met deze namen kan er niets meer mis gaan met de dieren op het eiland. De dieren op Banda'bou kunnen nu rustig ademhalen en de 'oorlog' is voorbij. Ook voor hen gaat er nu een geheel nieuw leven komen. De dieren op de vlakte van San Pedro zullen verlost worden van hun nachtmerrie. Praten we nog maar niet over die wilde dolfijnen in een bakkie of al die visjes die op en neer zwemmen op een paar vierkante centimeters en gevangen worden gehouden voor de commercie! Nee, nu gaat de Dierenbescherming eindelijk alles aanpakken en gaan ze de dieren werkelijk beschermen. Het kan niet anders maken met zoveel grote namen die zich verbonden hebben aan de Dierenbescherming. Je kunt bij deze mensen geen dierenleed achter hun naam zetten. Dat zal zeker niet de bedoeling zijn. Nu komt er zeker actie en kunnen de dieren op Curaçao een werkelijk dierenbestaan gaan leiden zoals het hoort. Zonder gevangen te worden, zonder opgesloten te zitten en zonder het verdere leed wat door de mens hun wordt aan gedaan!

Ik wens het comité en de beschermheer veel sterkte toe in de strijd tegen al het dierenleed op dit eiland en dan wel te begrijpen van oost naar west!

Fata morgana

Heeft u hem ook gelezen, de miljoenen nota van één van onze projectontwikkelaars?

Wat goed en wat geweldig wat deze mensen allemaal, voor ons burgers en land, wel/niet doen! Ze willen ons werkelijk helpen en zijn bereid hun eigen miljoen erin te steken om zo onze economie te ondersteunen. Wacht.. O een klein foutje en misschien even niet opgevallen, de nullen zijn wel erg hoog uitgevallen. Hoe zo dat? Als u ziet, 479 miljoen aan investering. Mooi wat, in hun eigen gebouwen waar we geen cent van zien? Zelfs de materialen gaan aangevoerd worden vanuit het buitenland en wat kruimels blijven over voor wat winkeltjes hier op het eiland. Voorbeeld zien we nu in Otrabanda en op andere grote projecten.

Werkgelegenheid 2000 mensen! O jee waar halen we die mensen vandaan? Buitenland toch? Dus weinig of geen lokale mensen.

Deviezen; Schrik niet want hier ziet u staan 1 miljard 33 miljoen gulden. Tjee man, daar worden we rijk van want ook dat is een bedrag gegrepen uit de vuile Isla lucht! Kennelijk even te enthousiast geweest met typen.

Als klap op de vuurpijl; Inkomsten belastingen 175 miljoen.
Dat is nou eindelijk gerechtigheid. Dit gaat dan een van de eerste projecten worden, op dit eiland, die de wettelijke bepaalde belastingen gaat voldoen!

Tot nu toe lees ik alsmaar vrijstellingen van dit en dat en zelfs astronomische getallen in achterstallige betalingen van water en elektra. Die ook nog keer op keer weggemoffeld worden, want je kunt een hotel toch niet afsluiten, niet waar?

Nu, u leest het zelf, zijn we er weer ingetrapt. Heren projectontwikkelaars hebben hun dromen en fantasie verhalen nog steeds niet aan de kant geschoven. Ze blijven de bevolking, maar erger nog de lokale bestuurders, overladen met cijfers in miljoenen en pas later, als alles veilig en droog is gesteld, komen we er achter dat het alleen maar een fata morgana is voor het eilandje Curaçao. Hebben we dan bij onze bestuurders niet één iemand die kan rekenen en inziet dat deze getallen uit de lucht gegrepen zijn?

De advertentie die nu verscheen komt bij mij over om alleen het rechtvaardigen dat er weer een stuk natuur moet wijken voor een project wat gouden bergen belooft en zal eindigen als een heuveltje van kaal diabaas! De natuur is niet te koop heren ontwikkelaars, hoeveel nullen je ook achter een getal zet! De natuur is niet te vergelijken met welk getal dan ook en daar zal u toch eens een keer bewuster van moeten worden. Misschien moet u eens terug keren naar de werkelijkheid hier op deze wereld. Kom uit uw droom en probeer eens wat te gaan doen in een wereld zonder nullen en zonder waanideeën, zodat wij als bewoners en bestuurders van Curaçao werkelijk trots op uw project kunnen zijn.

Dierenliefde?

Maand oktober, de maand waar de dieren in het zonnetje gezet worden. Dit volgens de vele dieren organisaties rond de wereld en op onze eilanden.
De bittere werkelijkheid is anders.

Dinsdag 7 oktober 15.00 uur.
Er kwam bij mij een melding binnen van een aangereden hond op de weg naar Soto. De linker achterpoot was compleet verbrijzeld en de hond was in een vreselijke pijn.

Eerst de dierenarts bellen die het dichtste bij is hier op Tera Cora. Jammer dan, deze heeft alleen spreekuur tussen 6 en 8. Toen het asiel bellen om eventuele assistentie, omdat de hond nogal in paniek was. Wat bleek, je krijgt een bandje te horen dat ze gesloten waren! Verder geen openingstijden, nada, niets. Een dierenasiel midden op de middag, om 3 uur, gesloten? Maar u weet ik geef niet snel op, ik belde de ambulance. Ja eindelijk, er werd opgepakt maar wat kreeg ik tot mijn grote verbazing te horen; Meneer bel na 5 uur nogmaals dan heb ik tijd! Helemaal verbouwereerd heb ik een mail gestuurd naar de dierenbescherming, dierenartsen en het asiel, want er moet toch iemand ergens zijn? Maar helaas uit ervaring blijkt dat je op mails NOOIT een antwoord krijgt van deze instanties.

Daar stonden we dan, een hond die zich niet liet aanraken, laat staan dat we hem in een personenwagen konden krijgen. We konden hem niet uit zijn lijden halen.

Bij terugkeer bleek dat hij voor de tweede maal was aangereden en in ieder geval van zijn lijden was verlost!

Ik heb bewondering voor de Nederlandse dierenbescherming die Dierendag heeft afgeschaft puur omdat het om de commercie gaat. Blijkt dat het hier ook op Curaçao om de centen gaat en niet om de dieren. Zeker niet als het over dieren gaat op Banda'bou, die werkelijk kunnen creperen, liggend op de weg, wachtend op hun dood. Voor hen is er geen arts, geen ambulance en geen organisatie die voor hen op komt.

Ik huil en voel dagelijks de pijnen van deze dieren die door mensen worden vertrapt en ook nog zgn. beschermd worden door zeer bekende hoogstaande mensen. Helaas ook dat niet voor de dieren hier op Banda'bou. Wie, o wie, in de stad gaat eens wakker worden en trekt de stoute schoenen aan en gaat ook onze dieren helpen?

Oktober maand, de maand voor onze dieren ook die van Banda'bou!

Partij met twee gezichten

De partij die alles aan zou pakken, grote schoonmaak, weg corruptie, een open en helder beleid. Herkent u dat nog dames en heren PAR-leden? Was het niet u die van de hoge toren bazuinde, ruim op die boel en kiezers paaide met vele beloftes. Maar uiteindelijk doet u niets anders dan het volk verlakken en verraden. Nog steeds zijn de dubieuze benoemingen niet aangepakt, ondanks alle besluiten en rapporten.

Corruptie wordt niets tegen gedaan en zelfs in de hand gewerkt en criminelen hebben vrij spel. Maar wat doet u nu als klap op de vuurpijl. Ja hoor, u stemt in dat veroordeelde criminelen lekker op hun stoel mogen blijven zitten. U heeft zeker veel stemmen gekregen van uw achterban, die kennelijk in Bon Fonturo gevestigd is!

Voor mij is het duidelijk, bij de volgende verkiezingen, en ik denk voor vele andere kiezers, de PAR kan blijven beloven maar van ons zal het geen stemmen meer krijgen. De PAR staat voor tweeslachtigheid, leugens en is tot op heden nog niet één belofte nagekomen. Helaas we zijn erin gestonken en hadden we de hoop gezet op deze kennelijk loze beloftes.

Ik snak werkelijk naar de dag van de nieuwe verkiezingen, slechter kunnen we het niet treffen in de toekomst!

Engeltjes

Presentatie luxe villa's. Wat zijn we weer geweldig bezig ten aanzien van onze natuur. Golfbrekers die illegaal gestort zijn worden nu legaal gerestaureerd. We maken niets kapot omdat al het leven onderwater al kapot is! Waarom wordt er niet bij verteld hoe dat gekomen is? Wederom is er een projectontwikkelaar bijgekomen die ook nog durft te beweren dat bij elk appartementje 10 werknemers worden aangenomen! Had ik het al niet eerder over een fata morgana? Deze mensen denken werkelijk dat we alle sprookjes geloven zoals onze politici ze geloven. Wat een onzin! Het project is nu al ten dode opgeschreven. Tien man personeel per appartementje is echt geloofwaardig. Wat een farce wat een illusie!

Slaap zacht heren politici, slaap zacht natuur organisaties en laat onze natuur maar nog verder afgebroken worden door dit soort fantasten.

Zien we er werkelijk zo dom uit?

Na het lezen vanmorgen van verschillende kranten ben ik voor de spiegel gaan staan en heb me afgevraagd of wij als kiezers werkelijk zo dom eruit zien?

Wat wringen de PAR, PNP en FOL zich toch in bochten om weer stemmen te scoren. Ze hebben de oplossing gevonden: veroordeelde politici mogen een keuze maken, of ze vertrekken of te blijven zitten op hun heerlijke stoel, ze mogen zelf kiezen! Geen wet zal er komen die zegt dat een veroordeelde politicus domweg zijn biezen moet pakken! Geen 'ge-zus' of 'ge-zo' maar gewoon weggaan. Zelfs God werd er weer even bijgehaald maar dat is een steekwoordje van vele politici geworden en ze blijven daar onder schuilen. Helaas trekken juist die veroordeelde politici zich niets van God aan en hebben ze gewoon een wet nodig die zegt: 'U kunt gaan, daar is de deur!'

Hopelijk dat de kiezers ook doorhebben hoe deze 3 partijen zich als een dictator opstellen en nergens van aan trekken wat het volk werkelijk wil. Het is toch bij de beesten af wat hier gekonkeld wordt om die heerlijke stoel veilig te stellen voor later. 'Onbehoorlijk bestuur' is daar geen regel in ons, nog steeds geldend Statuut, wie dat aan moet pakken?

Mensen wakker worden, ga ook voor die spiegel staan met de vraag: 'Zie ik er zo dom uit als dat de politici denken dat we zijn?' En laat dan uw stem gelden.

Geen antwoord

Met een grote "smile" op mijn gezicht lees ik momenteel de vele kranten artikelen waar gesteld wordt dat mevr. De Jongh-Elhage en mevr. Dindial verontwaardigd zijn dat een brief van 6 weken geleden naar de PdVSA nog steeds niet beantwoord is.

Blijkt toch dat onze regeerders "gepakt" worden op hun eigen laksheid en eigen werkwijze.

Ikzelf heb al vele brieven naar vele bestuurders gestuurd en zelden een brief terug mogen ontvangen! Het is dus werkelijk zo dat je behandeld wordt zoals je een ander behandeld. Het is nu duidelijk dat onze regeerders geen respect tonen naar anderen maar wel verwachten dat wij maar achter hen aan moeten hollen en respectloze daden blijven accepteren.

Laten de regeerders eens eerst starten met het goede voorbeeld te geven en alle niet-beantwoorde brieven eens gaan behandelen zoals een fatsoenlijk mens hoort te doen. Dan pas kunt u verontwaardigd zijn waarom u geen antwoord krijgt van internationale multinationals en van de gewone burgers.

Het spreekwoord 'boontje komt om zijn loontje' is werkelijk hier van toepassing.

Regeerders, u wordt nu behandeld zoals u andere behandelt.

Een veilig gevoel

We weten dat de Politie het vreselijk druk heeft op dit eiland en dat er altijd wel wat gaande is, daarom heb ik voor vele zaken begrip. Toch zijn er momenten dat ik denk 'moet dat zo?'

Zoals gisteren, toen ik heerlijk op mijn porch zat en in een keer een vreselijk lawaai hoorde onder aan de berg. Ik keek en zag in de verte dat er een towing wagen van een zeer bekend bedrijf in de bosjes reed en na een tijd weer verdween. Ik liep naar de plaats des onheils en wat zag ik tot mijn verbazing. Redelijk goed uitziende wagens gedumpt tussen de bosjes, geheel gestript. Ik meteen de politie gebeld op Barber want ze zouden hem nog kunnen aanhouden aan het einde van de weg. Ik gaf de kleur van de wagen door en welke kant hij reed. "Nos ta bini", was het antwoord. Goed kwartier later weer bellen en weer het antwoord: "Si,si, nos ta bini." Na een uur nog geen politie en kennelijk moesten ze te voet komen en belde ik de hoofdcommissaris in de stad maar op. Er zou meteen een melding gemaakt worden! Ik kan u vertellen, enkele uren later geen politie en de wagens staan nog heerlijk tussen de bosjes verscholen wachtend tot dat dit towing bedrijf weer een bij zet. Wat trouwens inderdaad gebeurde. Na weer bellen met de wacht werd ons duidelijk gemaakt dat we het over moeten laten aan hen!

Nu weet ik niet wat we over moeten laten want ben er altijd vanuit gegaan dat wij burgers ongeregeldheden moeten melden.

Het is al meerdere malen voorgevallen dat je de post op Barber belt als er een goede reden is en zelfs enkele weken geleden, bij een zeer ernstig geval in de buurt, wist de wachtcommandant van die avond ons doodleuk te vertellen dat we morgen maar terug moesten bellen. In ieder geval geeft dat ons burgers hier op Banda'bou een zeer veilig gevoel. De politie is paraat, meewerkend en zeker burgervriendelijk dat blijkt uit al hun acties. Waar kun je nog naar toe om beschermd te worden als de politie met zijn commandanten geen acties ondernemen?

Hypocriete politiek is terrein aan het verliezen

Het voeren van politiek is sterk aan het veranderen. We hadden vroeger allemaal bollebozen op die stoel zitten die taal spraken waar je een woordenboek bij nodig had. Dat sloeg om naar politici zoals den Uyl en Martina die uren konden praten en niets los lieten maar uiteindelijk vergaten waar ze het over hadden. Sinds enkele jaren is politiek voeren weer aan het veranderen. In de Nederlandse politiek was dat Pim Fortuin die opgevolgd werd door heren Wilders en Brinkman.

In de Antilliaanse politiek zien we dat ook opkomen. Heer Godeth was duidelijk een buitenbeentje die ook nog eens, met een veroordeling achter zijn naam, weet stand te houden. Ook is er een heer Wiels die niet weet wat hij nog aan moet halen om in de publiciteit te komen.

Toch trek je zeker wel eens het peil van onze mensen in twijfel als je ze hoort praten.

De tijd van de 'witte boorden' politiek is voorbij en de politiek is in zijn geheel aan het veranderen. Gedragsregels moeten nu gestudeerde volwassenen in toom houden en vele wetten blijken zo lek als een zeef. Gretig maken deze heren gebruik van de mazen in de niet-geschreven wetten. Het is zeker niet altijd goed te keuren wat er zowel in Nederland als op de Antillen gaande is maar ik zit met gemengde gevoelens te kijken waar dit naar toe moet gaan. Aan de ene kant denk ik 'het is goed dat, dat hypocritische gedoe is afgelopen' en aan de andere kant denk ik ' moet dat zo?'

Het is goed dat er eindelijk politici zijn die lak hebben aan een wereld die alsmaar aanneemt dat het zo hoort. Lak hebben aan wetten, regels en aan de gevestigde politieke orde. Mensen die in ieder geval hun mond open durven te doen en de wereld laten zien dat zeer veel dingen in de politiek op onwaarheden zijn gebaseerd. Zij hebben het lef om openlijk voor een mening uit te komen. Ze bewijzen in ieder geval dat er vele haken en ogen zijn in de huidige politiekvoering en steeds meer zie je dat de gevestigde orde ook meer en meer neigt naar deze methodes en handelswijze. In ieder geval wordt bewezen door deze heren, zowel in Nederland als de Antillen, dat er niet werkelijk een vrijheid van meningsuiting is. Je mag alleen datgene zeggen en schrijven dat bij de andere in goede aarde valt! Keer op keer bewijzen deze mensen dat je naar buiten mag brengen wat door andere bepaald is maar o wee als je, je eigen visie naar buiten brengt. Zeker als het moeilijk te verkroppen is voor buitenstaanders. Het zou toch zo moeten zijn dat een ieder een mening mag laten horen over bepaalde zaken. Helaas is dat nog niet het geval en is het duidelijk dat er nog meer politici moeten volgen die deze hypocriete politiekvoering doorbreken. Meer Fortuin, Brinkman en meer Wilders mannen! We wachten af wanneer dat gaat komen maar het begin is gemaakt, ook op deze eilanden.

November 2008

Via VIA of via VIR

Wat een bombarie, wat een stukken in de kranten en de verdere pers, de VIA is van de baan. Tussendoor lees je alsmaar dat, buiten het voorwoord en het slotwoord, de VIA opgenomen gaat worden in de VIR!Kennelijk begrijpen wij gewone burgers het niet meer allemaal zo. Als delen van de VIA overgeheveld worden in de VIR is het alleen maar kostenbesparend voor de Nederlandse regering en is hun doel bereikt. De buitenlandse jongeren worden aangepakt!

Eerlijk beste mensen, ik had al niet zo'n hoge hoed op van onze politici maar nu zijn ze bij mij werkelijk tot het laagste peil gedaald. Onze 'sterke vrouwen' hebben het klaar gekregen dat twee plannen samengevoegd worden en zo laten ze zien aan ons wat ze niet allemaal gedaan hebben voor onze jongeren en bevolking op het (ei)landje Curaçao.

Ik heb een voorstel. We laden alle politici en heel het fort in bussen, geven hen een chapi en een piki in hun hand en laten ze de stukken grond op Banda'bou, die nog steeds niet na betaling geploegd zijn, bewerken. Zodat de boeren kunnen gaan planten en dat al onze politici eens weten wat hard werken is. Zo zal hun verstand eens opgefrist worden en in gaan zien dat je niet alsmaar burgers kan bedriegen, liegen en bespelen.

Misschien hoeven we deze kerst dan niet te zitten in een kaal geplukt huis, moeten rijden in een kaal geplukte wagen, rijdend langs een kale UNA en een slapende brandweer naar een kaal geschoren stuk land van een of andere projectontwikkelaar, zittend onder een kaalgeplukte dennenboom samen zingend "o dennenboom"!

Mensen waar zijn jullie toch mee bezig? Moeten wij burgers het maar blijven slikken en uw fratsen nog geloven? Nee, werkelijk ik nodig u allen uit om op het land eens te komen werken want de airco heeft u werkelijk 'brain dead' gemaakt.

Waar is onze ploeg, ploeg?

Anderhalf jaar geleden was er een grote agrarische show op landhuis Groot Sta. Martha.

Veel geklets veel bla, bla van onze heer Godeth die verkondigde dat Banda'bou geholpen zou worden in de landbouw. We zouden op dit eiland meer aan landbouw moeten gaan doen want wij kunnen het allemaal zelf en met de hoge prijzen op de wereld was het toch normaal dat er meer verbouwd moest gaan worden op onze lokale bodem. Bla, bla! Er werd met een hele show een splinternieuwe ploegmachine, die aangekocht was met ons duur betaalde belasting geld, getoond en het ploegen zou nu sneller gaan verlopen. Wij kunnen het toch zelf niet waar, heer Godeth? Ja, dat klopt, maar dan moet er wel gewerkt en niet geslapen worden door u en uw instanties!

Juni 2008, we gaan netjes naar Dokterstuin Girokantoor om een ploegmachine te huren. November 2008, nog steeds is er geen ploegmachine geweest! Je belt LVV, waar werkelijk iedereen van zijn verantwoordelijkheid kennelijk terugtrekt. Je krijgt zelden iemand daar aan de telefoon en zeker niet als je tegen de portier/telefonist zegt dat het om het ploegen gaat. Kennelijk is de portier de enige die dagelijks nog op zijn werk verschijnt! Deze instantie is volgens mij de koning in verzuim en heeft het laagste rendement in werkuren op zijn naam staan! Na weken krijg je eindelijk een telefoonnummer van diegene die dan je stukje land moet gaan ploegen. Deze man heeft regio Banda'bou maar is alsmaar in de stad bezig omdat daar eerst alles geploegd moet worden! Ja, tussen het asfalt groeit namelijk de groenten beter dan op de landbouwgronden op Banda'bou! Dat hebben LVV experts, wie dat ook moge zijn, kennelijk bepaald. De chauffeur van onze Banda'bou ploeg is werkelijk radeloos. Zijn ploeg is elke week kapot en staat meer bij de garage dan dat hij nog rijdt. Hij kan de vraag van Banda'bou niet aan. 'Ik mag de nieuwe machine niet gebruiken, want er moet nog champagne over gegoten worden', was zijn antwoord. 'Bel LVV maar wanneer dat gaat gebeuren'! LVV bellen, 's morgens om tien uur. U raadt het al, niemand aanwezig en 's middags om drie uur is iedereen al naar huis! Ondertussen wachten we al vijf maanden op een ploeg en staat die splinternieuwe ploeg weg te roesten onder het afdak bij LVV. Wachtend tot dat heer Godeth even de tijd neemt om zelf al zijn landbouwers op Banda'bou te bezoeken en hun stukjes grond te ploegen. Hij zou ons toch helpen, niet waar? We kunnen het allemaal zelf, maar ondertussen staat er zeer veel geld stil omdat de politiek niets doet tegen deze wanpraktijken. De landbouwers kunnen dit jaar hun oogst wel vergeten want de regentijd heeft al geruime tijd zijn intrede gedaan en we zijn nu te laat om nog te ploegen en te zaaien.

Weg oogst dit jaar hier op Banda'bou. Weg geld wat we duur betaald hebben. Weg zaad wat al geruime tijd in de kast ligt om gezaaid te worden. Weg ploeg die staat te verkommeren onder een dak met een werkeloze chauffeur. Wanneer is het weg politieke nietsnutten met al hun bla, bla?

Bla, bla, we kunnen het allemaal zelf!

Eindelijk politiek

Eindelijk één persoon in de politiek die zich sterk maakt voor onze torenhoge FZOG-eigenbijdrage en -premie! Eindelijk iemand die in ziet dat wij gepensioneerden niet verzekerd zijn.

Je schrijft de gedeputeerde, pech gehad, het is zijn "pakkie an" niet. Je schrijft een brief naar de minister van Volksgezondheid. Wat krijg je terug, sorry het is een zaak van de minister van Financiën en het zal nog zeker vele jaren duren eer u allen weer verzekerd bent, we kunnen wetten namelijk niet zo snel regelen. Je schrijft de minster van Financiën, geen antwoord want er zijn geen financiën! In een gesprek op het fort werd zelfs zonder blikken of blozen verteld dat de politiek niet verwacht had dat er zoveel gepensioneerden zo oud zouden worden! Ja, u leest het goed, u mag niet oud worden want daar is onze FZOG-verzekering niet op berekend! En zo beste mensen politici, zitten wij met een weer verhoogde premie boven op onze 10% eigenbijdrage!

Als wij bij een dokter aankomen, mogen we eerst de rekening van 1800 gulden voorschieten en dan krijgen we, na één jaar zeuren bij FZOG, 148 gulden terug!

De 'experts' van FZOG menen beter dokter/specialisten te zijn dan onze hoog gekwalificeerde artsen/specialisten op dit eiland. Bij het ziekenhuis aangekomen, voor een foto, krijgen we doodleuk te horen dat we als laatste geholpen worden omdat 'FZOG toch niet betaald' (Taams) en als we in het SEHOS aankomen, eerst betalen dan pas worden we behandeld. Geen geld dan maar thuis pijn lijden!

Eindelijk is er nu één wakker geworden in de huidige politiek, eentje die zijn "MAN" uitsteekt. Toch nog iemand die voor het volk op durft te komen. Hopelijk dat hij de weglopende verantwoordelijke ministers eens tot werken kan aansporen en kan gaan zorgen dat de zeer veel gepensioneerden krijgen waar ze heel hun leven voor ge-werkt en betaald hebben, een deugdelijke verzekering op hun oude dag!

Tot slot heb ik twee vragen;
- Welke minister/gedeputeerde is verantwoordelijk voor die mensen die nu ten onrechte pijn lijden en zelfs sterven door het handelen van FZOG en hun experts?
- Welke rechter wil gaan toetsen hoe het mogelijk is dat er geld, zgn. wettelijk, van ons ontnomen wordt, totaal niets voor geleverd wordt en dan ook nog laat verdwijnen: oplichting?

Mocht u na het lezen van dit middeleeuws stuk het vergeten zijn, we leven in het jaar 2008.

Kunst contra natuur

Dat kunstenaars gekke fratsen uithalen om in de publiciteit te komen is iedereen wel duidelijk en zien we in de kunstgeschiedenis over de gehele wereld. Maar ik denk toch dat het nu wel wat erg te ver gaat.

We hebben een 'kunstenmaker', sorry zo kan ik het helaas niet anders noemen, die meent dat kunst onder water geëxposeerd moet worden! Zodat, op die manier, de zee en zijn koralen vernield worden met zijn werken. Zo ver als ik weet zijn kunstenaars mensen die nauw betrokken zijn bij het leven op deze aarde, natuur, dieren en de mensen die daar op leven. De natuur die mij in ieder geval als kunstenaar nauw aan het hart ligt en pijn doet dat deze natuur hier op dit eiland zo vernield en afgebroken wordt. Dan komt er een persoon even op het idee om de bodem van de zee vol te leggen met foto's, bevestigd op latten en zo weer vast gemaakt aan de koraal bodem. Praten we nog niet over het vrijkomen van de vele chemicaliën. Wat we niet allemaal doen om op te vallen! Heeft deze heer niet door, dat het weinige koraal dat bij Baya Beach de 'tugboot' probeert te overleven op onze oorlogsbodem nu dagelijks weg gestampt/vernield wordt door duikers en vele onkundige mensen die kost wat kost die plaatjes willen zien? Waar is de betrokkenheid bij de natuur en hoe is het in hemelsnaam mogelijk dat er niemand is die dit soort acties verbiedt?

Ook al onze natuurorganisaties zijn weer eens o zo stil. Dat laatste restje koraal wat er nog op onze zeebodem leeft, heeft nu zijn langste tijd ook gehad dankzij dit soort ondoordachte stunts.

Kunstenaar? Nee helaas, een ware kunstenaar zal dit de natuur niet aandoen en heeft respect voor alles wat leeft en woont onder en boven water.

En we slapen door

Dit jaar was een geweldig jaar voor de olie-industrie. De olie was ver boven de honderd dollar per vat en Curoil schreeuwde bijna dagelijks in alle kranten dat het de lasten niet meer kon dragen. Op een gegeven moment werden de prijzen aangepast en we betalen tot op heden deze vreselijk hoge benzineprijzen. De smeekbedes van meneer Curoil in alle kranten verdwenen. Erger nog, het lijkt erop dat deze firma niet meer bestaat. Wat zijn ze stil, muisstil.

Wacht even, nu heb ik het door waarom. De gigantische hoge olie prijzen zijn gekelderd naar nog geen 54 dollar per vat. Curoil maakt nu geweldige winsten op onze benzine en olieproducten en heeft zich daarom in stilte gehuld! Winsten worden nu gemaakt die niet meer reëel zijn en daarom dat ze o zo bang zijn dat ze weer aangepast moeten worden naar de huidige internationale prijzen. Terwijl Nederland en vele andere landen hun prijzen drastisch heb-ben aangepast, zitten de heren van Curoil in hun handen te wrijven. In ieder geval kan Curoil op het einde van het jaar weer met grote koppen in de kranten vermelden dat er miljoenen winst gemaakt is. Allemaal ten koste van ons, burgers, die het allemaal maar moeten slikken. De politiek? Och, die slaapt door en vindt het al lang goed, zolang zij maar niet in actie moeten komen. Al dat papieren werk, al dat gepraat, het is allemaal te lastig voor hen. Slaap zacht heren en dames politici, slaap zacht.

Wij, de bevolking, blijven deze wanprestaties wel slikken. Ondertussen zijn wij ook in een winterslaap gegaan omdat we de auto toch niet meer kunnen rijden! Slaap zacht.

Perfecte vergelijking?

Onze minister van justitie David Dick (PAR) heeft toch werkelijk een hoge dunk over ons rechtssysteem en hun medewerkers.

Als u het Gemeenschappelijk Hof van Justitie vergelijkt of gelijk trekt met een GOG of een Capriles Kliniek wil dat dan zeggen dat ons Gemeenschappelijk Hof van Justitie net zo ontspoord zijn als onze GOG'ers of onstabiel als de patiënten van de Capriles Kliniek? Heer David Dick (PAR), denkt u werkelijk zo over uw eigen mensen?

Lege fruitschappen

Je gaat naar de supermarkt en loopt naar de fruitafdeling, wat zie je? Je ziet niet veel want de schappen zijn leeg.

Enkel een verdwaalde appel, sinaasappel en een druif, voor de rest leeg. Je komt de volgende dag terug want je neemt toch aan dat er weer bijgevuld wordt maar tot je verbazing zie je dat het laatste stukje fruit ook verdwenen is. Bij navraag krijg je te horen 'helaas meneer er is geen fruit omdat de barkjes wegblijven'. Toch zijn er voor mij meer vragen dan antwoorden die dan opkomen. Waar zijn onze containers met fruit gebleven?

Waar is de lokale productie van fruit?

En is het niet ongelofelijk dat wij afhankelijk zijn van wat barkjes uit Venezuela die kennelijk de weg kwijt zijn naar ons eilandje. Met al het geschrijf om de lokale landbouw te promoten zijn we niet in staat om wat fruit uit de grond te krijgen? O, wacht even, we wachten nog steeds op heer Godeth en zijn ploeg! En op de LVV die daadwerkelijk de landbouwers gaat helpen in hun landbouwprojecten. Ondertussen is ons eiland zo goed als verstoken van vers fruit. Kan later de gezondheidsdienst weer gaan schrijven dat er vitaminetekort is op het eiland en dat er pillen uitgedeeld moeten worden.

Inderdaad wat maken we ons eigenlijk druk als we het met een pilletje op kunnen lossen, nietwaar? Scheelt ons veel vervoerskosten, opslagruimte en schappen. We kunnen het immers allemaal alleen af en zo worden de schappen leger en leger in de winkels.

December 2008
LVV etaleert onkunde

Na een jaar dat de ploeg in het stof heeft gestaan komt de LVV eens eindelijk opdraven met veel poeha met hun nieuwe ploeg. Waar deze ingezet wordt is nog een vraag want tot op heden zien wij nog geen ploeg rijden op Banda'bou! De regentijd is in volle gang en het zaaien had al geruime tijd geleden gedaan moeten worden. Maar wat lees ik tot mijn grote verbazing, meneer Kenneth Heidweiller heeft ons ook nog verrast met een nieuwe watertruck! Ja hoor, nu gaan wij als landbouwers water krijgen via de LVV! Niets hoor! Wat staat er een regel verder?

40

De LVV heeft deze truck nodig voor de palmboompjes en de nodige luxe planten langs de weg!

Nu zak ik werkelijk door de grond. Wij zitten te schreeuwen op Banda'bou om water voor ons fruit en onze groenten en wat doet de sector Landbouw, Veeteelt en Visserij? Die gaat plantjes langs de weg water geven. Deze mensen zijn werkelijk niet voor ons landbouwers, dat is wel duidelijk. Ik stel dan ook voor dat er een landbouworganisatie komt hier op Banda'bou die zich werkelijk in gaat zetten voor ons landbouwers. Ze hebben het toch te druk in de stad om palmboompjes water te geven. Triest is dat LVV ook nog niet door heeft dat er ploegmachines vrij gegeven worden door vele geïndustrialiseerde landen (Europese gemeenschap)! Gelukkig maar, dan kan de toekomstige organisatie op Banda'bou daar gebruik van maken.

Ploegmachines van LVV worden toch alleen maar gebruikt om asfalt te ploegen in de stad!

LVV, jullie etaleren werkelijk onkunde en tonen geen interesse voor de landbouw op ons eiland. Jammer dat er zoveel geld en kostbaar water verkwist wordt voor palmboompjes en tuintjes.

De 'geen service' van MCB en CUROIL

Als bewoner van het heerlijkste stukje Curaçao, is het me opgevallen dat onze enige tankstation op Barber zeer sterk in verval is. Buiten dat ook sinds 5 maanden geen mogelijkheid meer is om met plastic te betalen. De automaat is plotsklaps verdwenen.

Bij navraag bij de juffrouw, wat er gaande is, word ik verwezen naar een pinautomaat verder in het dorp om cash te halen. Thuis gekomen, de MCB gebeld, want waar blijft hun service 'voor het volk' zoals ze alsmaar promoten terwijl hun automaat zo maar is verdwenen? Een heer vertelde me dat ze er mee bezig zijn, maar nog geen enkele zinnen later bleek dat MCB deze service niet langer meer gaf aan het station op Barber! Ook zou hij er niet meer komen, kwam er achter aan. Ik moest Curoil maar bellen dan zou ik meer te horen krijgen. Einde service, einde gesprek! Zat ik toch toevallig achter die telefoon en belde meneer Curoil op die me uitlegde dat er een nieuw systeem was met pincodes. De automaten moesten verwisseld worden en daar waren extra kosten voor de pomphouders aan verbonden. De pomp op Barber, met 2 andere pomphouders zijn afgehaakt van deze MCB service, puur door de extra kosten. Overigens een MCB die bovendien ook nog per transactie een flink bedrag inhoudt bij de pompstation-eigenaren. Dus in het kort, geen plastic meer op Barber. Ik vroeg of dat ook bij de service hoort van CUROIL, om mensen met cashgeld bij een pomp te laten komen. Iedereen weet dat daar je voor vijftig gulden al in je nek geslagen wordt.

Maar wat bleek in een keer, CUROIL heeft niet veel te maken met deze pomp, ze sponsoren Barber alleen! Ja, pompen worden gesponsord, wat mij overigens vreemd in de oren klinkt. Maar goed, op de vraag waarom een sponsor 'ons, mensen van het volk' onder een bouwval laat tanken met alle gevaren van dien, werd afgedaan met dat zij daar niets over te zeggen hadden en dat het een particu-liere pomp was. Veiligheid en service zijn niet belangrijk als het om gesponsorde pompen gaat. Service is niet belangrijk want we praten maar over een klein deel van de bevolking. Ik, als geboren handelaar, deed meteen een aanvraag om een modern pompstation te mogen openen op dit gedeelte van het eiland. Ik kreeg doodleuk te horen dat, dat niet kon omdat, dat oneerlijke concurrentie zou worden!

Ondertussen wapperen de vlaggen van MCB's Kompa leon en Curoil vrolijk verder bij dat bouwval zonder service en veiligheid.

Service, vergeet het maar, zowel MCB als CUROIL hebben lak aan service, zeker als het over deze hoek van het eiland gaat. Veiligheid, ook dat zal hen een zorg zijn, het gaat immers alleen om het grote grove geld wat binnen moet stromen.

Onze eilanden verkwanseld

Reeds lange tijd is het een publiek geheim dat we op een rots wonen die nog wel eens wat geld zou kunnen opleveren. Bij naspeuren op internet kom je al snel op oliemaatschappijen die zich naarstig aan het vestigen zijn hier op de Antillen. De regering is o zo stil en elk debat wordt afgeschermd door zgn. geheime rapporten die zo geheim zijn dat je er met wat speurwerk op het net wel wat te achterhalen valt. Nu is er ook al geruime tijd zo dat de Europese Unie zich steeds meer in gaat zetten voor onze eilanden. We zijn in een keer geaccepteerd als Europese burgers en er is zelfs een moge-lijkheid om te stemmen voor deze Unie.

Nederland is ook zo stil en is sinds enkele maanden tot alles bereid. Ze weten niet hoe ze zich in kronkels moeten wringen om de Antilliaanse regering en hun politici te lijmen. Ze zijn in een keer zo meelevend en er worden miljarden gepompt in wat eilanden die tientallen jaren aan hun lot zijn over gelaten, uitgebuit en als onderontwikkeld werden gezien. Waarom die interesse en dat meeleven in onze Antilliaanse eilanden? Niet moeilijk te raden als je het rapport leest van de Europese Unie en als je ziet dat er koortsachtig van alle kanten olie maatschappijen opgericht worden en zelfs al gespeculeerd wordt op beurzen wat hier onder in de grond zit. Huidige Antilliaanse top mensen zitten al op hun plaatsen voor de nodige posten die er te verdelen vallen. Onze huidige regering is ook zo geheimzinnig bezig dat ze zelf niet weten dat ze al hun rechten over deze grondstoffen aan het verkwanselen zijn voor een luizige 3.5 miljard!

Het kortzichtige manier van regeren en het alsmaar de bevolking blijven dom houden zal nu hun eigen ondergang worden. Maar waar maken we ons druk om? We zijn zo dadelijk zo goed als uit de schulden en wie later regeert zal moeten zitten op de blaren van het verkopen van ons land aan een Nederland en zijn Europese Unie. Een fabeltje? Beste mensen, ga naar Google en ga wat op zoek naar hoe onze regeerders de draak steken met ons. U gaat dan de verklaring krijgen waarom alles zo 'geheim' is en waarom nu met een snelheidstrein vaart alles doorgedrukt wordt. Onze eilanden zijn verkocht met al hun rijkdommen en mogelijkheden voor slechts 3.5 miljard! De waarheid zal de tijd ons laten zien. En Nederland, o die goed heilig man, die lacht en zit nu al in zijn handen te wrijven wat het hen in het laatje gaat brengen. Gekocht voor een schijntje van wat kortzichtige hedendaagse bestuurders die menen hun slag geslagen te hebben. Onze eilanden zijn verkwanseld, wij stonden erbij en keken ernaar.

Pasku i Aña Nobo

Atrobe nos a drenta e temporada di Pasku i Aña Nobo. Ta hopi kumpramentu di kos mes tin, ta usa bon manera nada y fiansa ta wòrdu hasi sin pensa. Komo ku dianan di fiesta ta yegando nos mester mima otro, tòg? Nos ta kòrda riba otro y yuda esnan mas serka di nos ku algu èkstra, tambe ku atenshon y amor. Semper mi a pasa e dianan aki na mi manera y nunka mi a tuma parti den e bòmbòshi komersial aki. Entre Pasku, Aña Nobo, Pasku Grandi i Karnaval no tin diferensha pa mi. E diahan ei ta normal manera kada dia den nos bida ta. E ambiente eksaherá i sentimental ta basa únikamente riba nos komersio ku kier bende mas tantu ku ta posibel. Yegando atrobe den e dianan di pas mi ta puntra mi mes ta di kon nos ta manera stima otro awor anto algun siman despues nos ta den guera ku otro?

Pakiko nos mester stima otro solamente den es dianan aki? Unda nos amor pa próhimo ta keda despues? Mirando den nos kaya, tin mas o ménos 30 konstrukshon bieu anto mi ta puntra mi mes; Ta unda nos gobièrnu ta? Unda tur e instanshanan ku ta suponé di yuda ta? Tambe unda tur esnan ku ta papia asina tantu over di kombatimentu di pobresa ta?

Ta parse ku mayoria di nan ta papia so over di lokual nan ta hasi. Sinembargo aki banda bo no ta ripara ku e hendenan ta hañando ayudo adekuá. Kisas ta di komprondé y pa kada kos tin su motibu òf deklarashon. Pero tòg, ta di kon ta nèt esnan ku tin mas nesesidat no ta haya ayudo? Ta yùist e hendenan aki ta honesto, tímido y ta wak nan destino komo nan bida. Nan kas, traha di algun blòki ku un dak traha di un par di zink, keriendo ku ta asina nan mester biba. Nan no tin awa ni koriente debí ku nan tin e mala suerte ku nan palasio no ta situá manera debe ser. Un yònkuman hèndikèp bibando den un kasita ku no ta kla ainda. E mag di sali pafó un ratu pa despues e keda henter dia paden. Pasobra, unda no tin trabou plaka no ta drenta. Tin kasnan asina chikí unda 7 hende mester biba aden.

Hopi orguyoso e tata tabata ku el a gana di traha su propio kas, pero awor e no tin manera pa mantené.

Den un otro kas chikí di 1 ½ x 1 ½ meter, kaminda un adikto tabata drumi riba kama di flur ku yerba, tur droga y agresivo. Ni Capriles kliniek òf un otro instansha tabata tin kurashi di bai duna asistensia. Despues di algun ora e shon aki a fayesé riba su kama di flur ku yerba. Nos ta papiando over di hendenan manera abo y ami. Hendenan ku tin bèrgwensa di konta nan miseria, kisas okashoná dor di nan mes, pero awor ta kondena pa keda den probesa te dia di nan morto. E hendenan aki ta masha kordial i asina gradisí ku e tiki kariño ku bo duna nan. Ta yùist e hendenan aki nos ta fayando di yuda, nos ta laga nan kai sin mas.
Hendenan manera abo y ami ku mes un derecho riba un bida humano. Pa e hendenan aki no tin seguro y ora di malesa nan ta keda pa nan kuenta.
Ta imposibel pa mi por deskribí e sufrimentu, aki na Bándabou. Ta pa e motibu ei mi karta ta largu, pero sigur un karta skirbi di kurason y alma. Mi úniko deseo ta pa nos hendenan, bira hende atrobe. No pensa mes kiko FKLP ta hasiendo aya na Jan Thiel, trahando kasnan luhoso, miéntras ku su mes pueblo aki na Bándabou tin tantu nesesidat. Laga e instanshanan hoga den nan propio burokrasia y laga nos polítikonan sinta den nan airco numa, pero laga nos kuminsá atrobe di yuda nos próhimo. Yuda esnan ku no por yuda nan mes òf no tin e kurashi pa lucha pa nan mes.

Si bo wak ront di bo, por ehemplo den bo mes kaya, lo bo spanta ora ku bo ripara tantu pobresa, anto asina pega ku bo. Lubidá e outo nobo, prendanan òf otro regalo luhoso. Esakinan sigur lo no hasi bo bida humano mas riku. Yuda esnan pega ku bo. Desde awe, laga nos bira hende atrobe y keda hende, tur dia, tur ora y kada minüt.

Kerst en Nieuwjaar

We zijn weer beland in de tijd van Kerst en Nieuw. Mensen vertoeven in de vele winkels en de bonnen en leningen vliegen als zoete broodjes over de toonbank. Het is nu eind van het jaar en dan moeten we elkaar toch verwennen niet waar? We denken aan anderen en helpen onze naasten met wat extra steun, aandacht en liefde, toch? Ik heb nooit aan al deze commerciële poespas gedaan en heb deze dagen altijd op mijn eigen manier doorgebracht. Voor mij is er geen verschil of het Kerst, Pasen of Carnaval is. Het zijn gewone dagen en elke dag is belangrijk in een menselijk leven. Dat uitbundige en het sentimentele is alleen maar gebaseerd op de commercie die meent tegenwoordig uit alles een slaatje te moeten slaan. Deze zgn. verzoeningsdagen, waar we nu weer in belanden, laten me iedere maal denken waarom mensen elkaar in deze komende tijd om de hals vliegen en weken daarna weer uitmonden in een of andere haat en nijd actie, zelfs tot oorlog toe? Waarom moeten we elkaar alleen deze dagen liefhebben? Waarom is naastenliefde zo ver te zoeken? Als ik alleen al kijk in onze straat waar zo'n 30 huisjes/bouwsels staan vraag ik me onder meer af waar is onze regering? Waar zijn al die hulpvaardige instanties? Waar zijn al die mensen die o zo veel op hebben met hun medemens en waar zijn de liefhebbende mensen gebleven met hun zgn. armoede bestrijding?

Veelal papieren bla, bla en allemaal instanties die maar naar voren komen hoe goed ze doen. Helaas, de vele mensen die om mij heen wonen, merken er niet veel van. Nu is het misschien begrijpelijk en voor alles is een verklaring. Toch waarom zijn het juist de mensen die het hardst hulp nodig hebben niet de hulp krijgen waar ze recht op hebben. Deze mensen zijn veelal integer, verlegen en zien hun lot als hun leven. Het wonen onder een paar zinken platen met wat opgestapelde stenen is het huis wat voor hen is weggelegd geloven ze. Geen water en geen licht, want ze hebben de pech dat hun paleisje niet op de juiste plaats staat. Een gehandicapte man die in een rolstoel zit en eenmaal per dag eventjes 'gelucht' wordt en de rest van zijn dag in een onafgebouwd bouwsel verblijft. Want waar geen werk is geen inkomen. Huisjes zo klein, maar waar wel 7 mensen in moeten leven. Pa trots dat hij zijn eigen huis heeft maar het met moeite kan behouden. Een huisje van 1 1/2 bij 1 1/2 meter waar op de grond een verslaafde lag op wat stro en een matje bezeten van drugs en zwaar agressief. Noch de Capriles kliniek of welke instantie dan ook durfden in te grijpen. Kort daarna was hij overleden, op zijn matje in een hokje. We praten hier over mensen, mensen net zoals u en ik. Mensen die zich schamen naar buiten te komen met hun ellende, misschien wel veroorzaakt door een fout van hen maar nu voor hun leven lang veroordeeld zijn tot armoede. Mensen die toch nog een hartelijk woordje hebben voor anderen en zich als een Koning voelen als je hen wat extra aandacht geeft. Mensen die wij allen in de steek laten en laten vallen als vuil. Mensen zoals u en ik die ook recht hebben op een menselijk bestaan. Mensen waar geen verzekeringen voor zijn en die bij ziektes aan hun lot worden overgelaten. Het leed op Banda'bou is voor mij onmogelijk om met een pen te beschrijven. Daarom is dit stukje langer dan normaal, maar wel een stukje vanuit mijn hart en ziel.

Ik heb maar een wens en dat is dat wij mensen weer mens gaan worden. We laten de FKP maar, die nu luxe woningen gaat bouwen op Jan Thiel, terwijl hun eigen volk aan het verkommeren is hier op Banda'bou! Laat deze instanties maar omkomen in hun eigen bureaucratie en laat de politici maar kakelen in hun airco's maar laten wij als mensen weer de draad oppakken om elkaar te helpen. Voor diegenen opkomen die er niet toe in staat zijn of niet de 'guts' hebben om te vechten voor hun bestaan. Kijk om u heen, in uw straat, uw naasten en u zult verschieten wat voor leed er naast uw deur is. Help die mensen om u heen, naast uw deur. Laat die nieuwe auto, extra sieraad of ander luxe cadeaus, die geen menselijke waarden toevoegen, eens staan in de winkel! Laten we mens worden en mens blijven, elke dag, elk uur, elk minuut, vanaf vandaag.

Justitie Aruba

Als minister Rudy Croes werkelijk een minister van justitie was geweest dan had hij meteen ingegrepen en niet eerst mee gewerkt om alles in de doofpot te stoppen. Nu is hij net zoals vader en zoon van der Sloot en van der Straten medeschuldig in de zaak Holloway. Heer Croes, u bent en blijft de eind verantwoordelijke als minister.

Vreemd dat u door middel van deze actie zelf toegeeft dat u absoluut niet capabel bent als minister van justitie! U bent zelf diegene die nu uw eigen land Aruba in diskrediet brengt!

NEE, we kunnen het alleen

We hebben maar enkele miljarden schuld op onze balans. Niet te praten over de mensenhandel en slavenarbeid op dit eiland. Het alsmaar stijgende drugsprobleem. De armoede die over de 30% van de bevolking bestrijkt, waar mensen veelal op onmenselijke omstandigheden moeten leven. De lokale bevolking die steeds meer moet wijken voor het grote geld van buitenlanders met hun miljoenen huizen. Het verkwanselen van veel grond, natuurgebieden en hun flora en fauna voor veel geld. Een Curoil die bestaat uit tientallen klein bedrijfjes en wij burgers via de dure benzine hen spekken. Een FKP die meent voor welgestelde te moeten bouwen en hun eigen bevolking in de open lucht laat slapen. Overheidsinstanties en semio-verheidsinstanties zoals; Kadaster, DOW, LVV, Domein, Immigratie en Douane die menen niet te hoeven te werken, laat staan op hun werk te verschijnen. Zeer grote belastingsgelden die kwijtgescholden worden voor selectieve personen. Politie die het te druk heeft met het brengen van familieleden naar school en werk in hun dienstwagens. Scholen die meer bouwvallen zijn en waar alsmaar van methodes veranderen en daar door kapitalen verdwijnen.

Een UNA, waar onze toekomstige bestuurders opgeleid worden, die het onderling niet eens zijn wat en hoe ze moeten onderwijzen. De politiek die meent, door niet op vergaderingen te verschijnen, zo besluiten te kunnen uit te stellen maar wel hun vette salaris maandelijks innen. Het gesjoemel met de vele subsidie gelden en projecten die niet volgens het bestek worden gebouwd. De honderden politieke benoemingen, die na vele rapporten, nog steeds niet teruggedraaid zijn en ons maandelijks honderden duizenden guldens kosten.

De vele projecten die illegaal uit de grond verrijzen en snel worden gelegaliseerd als er te veel ophef gemaakt wordt. De schandalig hoge elektriciteit tarieven en wekelijks, minimaal een dag, zonder stroom moeten zitten.

De vele miljoenen die alsmaar kwijtgescholden worden aan projecten waar veel geld nog bij open staat. De semioverheidsinstanties waar meer directeuren zitten dan personeel en dat allemaal met mega salarissen betaald worden door ons burgers. Een wegennet dat jaarlijks tientallen doden telt en waar geen enkele politici de verantwoordelijkheid op zich neemt. De illegale activiteiten die overal worden toe gestaan omdat ingrijpen te lastig en vermoeiend is. De 'vriendjes politiek' in het toewijzen van stukken grond en het bepalen van de rechten. Wetten die aangepast worden om zo internationale wetten te omzeilen. De levendige handel in drugs en wapens. De vele verdwijningen en afrekeningen door daders die nooit te vinden zijn. De vele illegale gokhuizen die vreemd genoeg niet worden aangepakt. De vele handel in kinderporno. De illegale internet gok activiteiten. De vele ouderen onder ons die niet verzekerd zijn maar wel maandelijks premie betalen.

We kunnen het alleen, niet waar? Helemaal alleen, we hebben niemand nodig en zeker geen pottenkijkers.

Zo te lezen hebben we dat ondertussen wel bewezen sinds 15 december 1954!

51

Maffia politiek

Nadat de politiek zich een ruim pensioen aangemeten heeft, heeft een zeer bange gezaghebber de beslissing gedeponeerd bij de gouverneur. Ondertussen is het al duidelijk dat de gouverneur deze omstreden zelfverrijking goed zal keuren daar de wetten en regels zo aangepast zijn dat deze man er ook niet onderuit kan. Het is al meerdere malen gebleken dat wetten zo veranderd worden dat er niets anders opzit deze corruptie/zelfverrijking door te laten gaan.

Erger is, dat alsmaar onze gezagdragers er vanaf komen met een 'waarschuwing' of een 'tik op de vingers'. Ook dat zal nu weer het geval zijn en wij burgers alles blijven slikken en moeten zwoegen voor een aalmoes in onze maatschappij! Dat zonder een deugdelijke ziekteverzekering en een leefbaar salaris. Een maatschappij waar duidelijk met twee maten gemeten wordt in het belastingsysteem. Wij burgers betalen ons blauw aan deze instantie terwijl vele projecten/grootverdieners jaarlijks hun belastingschulden kwijt gescholden krijgen. Ondertussen kunnen wij, 'gewone' burgers, nergens aanspraak op maken! Momenteel worden de eerste 500 miljoen al gretig verdeeld. Schadeclaims worden afgehandeld/uitbetaald en de pensioen potjes worden weer opgevijzeld. Ook zal de ziekteverzekeringsbank weer rijkelijk gespekt worden met het geld van Sinterklaas Nederland! Erger nog, het geld gaat weer naar die mensen die zich al jaren lang volop verrijkt hebben. Blijft de vraag nog steeds open: Waar blijft de opgelegde controle van Nederland? Ik vraag me dan ook af of er niet een, niet-politiek getinte, lokale groep mensen bereid is die corruptie/drugs en gokwereld aan te pakken. Een groep mensen waar alle ongebruikelijke - en politieke zelfverrijkingen gemeld gaan worden.

Die dan de burgers in gaat lichten waar al hun zuurverdiende geld blijft. Een groep die zich niet in laat pakken door alle intimidaties van deze maffia praktijken. Onze eilanden die op het ogenblik geregeerd worden door een maffia die nergens voor terugdeinst.

Wie o wie zal op gaan staan en gaan zorgen dat onze bevolking niet meer moedwillig arm en ziek gehouden wordt en waar geld verdwijnt als sneeuw voor de zon? Laten we aan blok een doorbraak maken in deze corrupte/maffia politieke wereld, waar iedereen voor iedereen bang is.

Januari 2009
Aruba, One friendly island?

Aruba corrupt? Hoe kom je erbij!
Maar is het niet toevallig dat de politici die heer Brinkman nu niet onder ogen durven te komen en zich verschuilen in hun riante villas en of op vakantie gaan niet diegenen zijn die momenteel naarstig wetten en regels aan het veranderen zijn naar Antilliaans model om zo te legaliseren dat er wilde dolfijnen gehouden gaan worden voor de kust op een eilandje van Aruba? Om zo onnodig toeristen in gevaar te brengen en ongelukken uitlokken zoals hier op Curaçao. Waren het ook niet die politici die daar bij de presentatie/receptie vooraan stonden? Als je sterk in je schoenen staat, durf je als volksvertegenwoordiger elke confrontatie aan en ga je, je niet verschuilen in je huisje of in het buitenland. Je laat dan niet je bevolking vallen maar komt werkelijk op voor je bevolking. Over het taalgebruik van sommige ministers maar niet te spreken. Helaas geeft dat hun ware aard weer. Hebben heer Brinkman en Wilders dan toch gelijk?

Ergere corruptie

In alle kommotie rond de heer Brinkman en zijn uitlatingen werd ook regelmatig aangehaald dat Nederland ook corrupt is! Een rapport; "Tussen corruptie en Corruptieparadox", over de omvang van corruptie in Nederland van L.W.J.C. Huberts en K. Lasthuizen waar vele zaken op een rijtje worden gezet. Wat blijkt; Nederland heeft ook corrupte mensen! Wat een openbaring zeg, dat wisten we nog niet toch? Ik kan u vertellen, de gehele wereld hangt van corruptie aan elkaar! Nieuws? Nee hoor, het is dagelijks in de vele kranten en op internet te lezen.Geen groot nieuws en eigenlijk weten we dat allemaal al jaren. Toch zijn er gelukkig landen waar je corruptie kunt melden en waar het ook aangepakt wordt. Wat mij al van mijn kinderjaren is ingepompt, is dat ik niet hoef te doen wat een ander doet! Als eentje vecht, steelt of moordt, is dat voor mij geen vrijwaring om dat ook te doen. Later werd dat ook nog eens via een geloof tot in den treuren in onze hersenen geprent. We hebben momenteel een politiek op deze eilanden die menen dat wat anderen doen ook zij mogen doen. We zitten al in een niet meest voorbeeldige regio met een Haïti, Cuba, Colombia, Suriname en Venezuela waar de waarden en normen werkelijk op een ander niveau liggen maar kennelijk menen onze bestuurders zich aan hen te moeten meten. Nu dat heer Brinkman loopt te verkondigen dat de politiek corrupt is, staat iedereen op zijn achterste poten en worden vele argumenten en redenen aangevoerd waarom wij niet slechter zijn dan Nederland zelf. Ga ik weer even naar mijn kleuterjaren waar weer de regel opduikt, dat wij niet hoeven te doen wat een ander doet. Toch blijft in al deze onzinnig op en neer gebrabbel in de politiek als een rots staan dat we met failliete eilanden zitten, met een moordende Isla en over vele honderden ambtenaren die politiek benoemd zijn en politici die rare fratsen uithalen! Gevallen waarover heen gesproken, verdoezeld en vermeden worden. Daar is waar we het over moeten hebben.

Op de vraag, wie en hoe erg we nu corrupt zijn is niet het punt. Wij hoeven daar niet aan mee te doen, zo simpel ligt het. Laten we beginnen met; Weg rook Isla, weg politiek benoemde ambtenaren, weg corrupte politici. Weg mensen die op plaatsen zitten waar ze niet thuis horen. Weg mensen die hun hand open houden onder en boven de tafel.

Laten we daar eens aan gaan werken. Dan heeft heer Brinkman geen reden meer om iedereen op de kast te jagen en heeft hij meer tijd om zijn eigen landje op de goede weg te helpen.

Movementu Kontra Korupshon

M.K.K. het kind is geboren. Na de vele oproepen en tekenen vanuit de maatschappij is gebleken dat vele mensen jammer genoeg hard schreeuwen maar weinig ondernemen tegen de corruptie. Het moet niet zo zijn dat wij als burgers alsmaar door het slijk gehaald worden omdat ook wij gezien worden als corrupte eilandbewoners. Het is genoeg geweest en het wordt tijd dat het koren van de kaf gescheiden wordt. Diegenen die met corruptie en onderwereld praktijken bezig houden moeten duidelijk te boek staan. Het moet duidelijk worden dat er ook hardwerkende, wel willende mensen op deze eilanden leven. Het valt op dat er zeer veel bange mensen zijn, mensen die in de tang zitten van deze corruptie/maffia heren en dames, burgers en hun gezinnen die worden bedreigd. Toch zijn wij allemaal mensen die in een democratisch land leven met nationale en internationale regels. Het kan en mag niet zo zijn dat wij burgers slachtoffers worden van een relatief klein groepje dat meent andere burgers te kunnen domineren, afpersen en te bezitten. Regels en wetten zijn er voor iedereen en als ik de staatsregeling van de Nederlandse Antillen (Stb.1955, 136; P.B. 1955,32 Artikel 3). mag geloven heb ik net zoveel aanspraak op bescherming van persoon en goederen, als een andere burger.

In ons statuut wordt ook nog aangehaald onder Artikel 43 lid 1 dat 'Elk land draagt zorg voor de fundamentele menselijke rechten en vrijheden, rechtszekerheid en deugdelijkheid van het bestuur'. M.K.K moet een meldpunt worden waar alle corruptiezaken over de gehele Antillen gemeld kunnen worden. Zowel bestuurlijk als ook in de verdere maatschappij.

Deze oproep is dan ook naar diegenen die zich geroepen voelen om corruptie te registreren, melden, juridisch en bestuurlijk aan te pakken en het bekend te maken aan alle burgers van onze eilanden via de media. Mensen die genoeg hebben van deze wanpraktijken en van die mensen die menen daar ongestoord verder mee denken te komen. Velen gaan nu nog vrijuit of worden door mazen in de wet vrijgesproken. Daar moeten we gezamenlijk een einde aan maken. Mijn gedachten gaan uit naar juristen, advocaten, zakenmensen maar ook burgers die zich hier voor in willen zetten en niet bang zijn voor een stootje. Het is mogelijk om corruptie aan te pakken.

Deze oproep is aan iedereen gericht die zich geroepen voelt. Ik geloof vanuit het diepst van mijn hart dat wij een paar eilanden kunnen creëren met een goed bestuur en maatschappij met integere mensen die alles in goede banen leiden.

Laten wij als een beweging geen politiek gaan voeren maar voor ons, burgers, opkomen en laten zien dat onze eilanden werkelijk allemaal kleine paradijsjes zijn in een blauwe Caribische zee.

Voelt u zich geroepen dan kunt u zich aanmelden op het e-mailadres; mkkcuracao@gmail.com maar het is ook al mogelijk, via dit adres, voor u al bekende corruptie zaken door te geven, natuurlijk wel met de nodige bewijzen.

Vriendelijk en professioneel (2)

Beste Heer en Mevrouw Reule

Met alle aandacht heb ik uw stukje gelezen en me werkelijk verwonderd.

Ik geef toe, ik schrijf vele stukjes, maar kennelijk heeft u er enkele gemist in het verleden. Het zijn twee stukjes die verschenen zijn in verschillende lokale kranten en wel in februari en maart 2007. Ook zijn beide stukjes door mij naar de desbetreffende instanties gestuurd. Allebei gingen ze over de geweldige service bij ons Kranshi en Bentana. Gelukkig hebben we dus dezelfde mening over deze instanties, niet waar?

De omgekeerde wereld van een minister

14 januari stond er een ingezonden stuk van onze minister van justitie in wel twee talen in de Amigoe. Een oplettende lezer valt al meteen op dat deze minister werkelijk tot het laagste punt gedaald is waar een mens kan belanden. Als je, je medecollega's zo afkraakt en dan als gastland nog niet zijn naam kan schrijven, dan vraag je wel eens af of deze mensen een lagere school gehad hebben. Het is zo mooi om alsmaar te wijzen dat Nederland ook corrupt is, maar dat weet de hele wereld heer minister, zet die cd maar af! Waarom draaft u dan zo door? Dat u rollen omdraait is duidelijk. U bent diegene tot twee maal toe Aruba internationaal voor schut heeft gezet! De eerste keer toen u, u niet meer kon beheersen en Nederland ging verwijten dat de Holloway zaak door Nederlanders is verprutst. Maar u was wel diegene die niet ingreep door daar meteen melding van te maken bij OM of naar Nederland! De tweede maal toen een Nederlandse delegatie werd genegeerd en dat u met een goedkope smoes, zgn in het buitenland verbleef (lees, uw achtertuin). U ontloopt alle verantwoordelijkheid als minister van justitie en zoals u zelf aanhaalt, dat is pas landsverraad. Landsverraad, omdat u te bang bent om te praten recht in het gezicht van andere mensen. Landverraad, omdat u tekort schiet in uw woorden , bang dat u onder de tafel gesproken wordt. Overigens is dat niet iets nieuws. Het zijn allemaal de symptomen van een lafaard die u nu dagelijks tentoonstelt. Nu alles weg is bent u uit uw 'hol' cq, achtertuin gekropen en loopt u als een 'victory boy' rond wat er allemaal mis is. Laf noemen we dat, nu alles en iedereen weg is durft u weer te schoppen. U had uw kans, u verspeelde die. Is het, het land Aruba niet dat door uw toedoen nu niet het hof is kwijt geraakt? Waar was onze minister van justitie om ons land te verdedigen?

Maar u heeft ook de goodwill van vele burgers verloren. Uw taalkeuze en het opzettelijk verkeerd noemen, van een man die u kennelijk niet de baas bent, is een duidelijk teken van onkunde en voor vele van ons, landverraad! Het is zeker een schande voor ons Arubaans volk dat u ons zo in de wereld (niet)vertegenwoordigt. U voelt zich beledigd maar hoe denk u dat het Arubaanse volk zich nu voelt door uw laf gedrag?

Klasse justitie?

Als een reactie op het ingezonden stuk van de heer Ricardo zouden we graag als MKK een volgend antwoord willen geven. Elke zaak is belangrijk, zeker in een angstmaatschappij waarin we hier op de eilanden leven. Mensen zijn bang om te melden en bang om naar buiten te komen. Bang voor vergelding en bang voor afpersing.

U heeft een punt aangehaald waarbij OM een duidelijke rol speelt. Een OM die inderdaad niet altijd voor onze burgerrechten opkomt. In een land, wat pretendeert democratisch te zijn en waar de mensen een vrijheid van meningsuiting wordt voorgeschoteld, lijkt de bittere werkelijkheid anders. We worden al geruime tijd geterroriseerd door corruptie en alle daaromheen samenhangende facetten van een verpauperde maatschappij. De bestuurders hebben het niet meer in de hand en het rechtssysteem is duidelijk het spoor bijster. Er wordt ook over en weer processen gevoerd tussen de verschillende bestuurders.
Waar je, je bij afvraagt, of deze mensen niets beters te doen hebben. Als ze al deze energie eens zouden steken in het regeren van een land dan hadden we in ieder geval een ander leefklimaat.

Het lijkt wel of alle beslissingen zowel landelijk als eilandelijk bij de rechters liggen. Nu hebben we een rechtssysteem dat steeds meer macht aan het verliezen is en ook de zaken niet werkelijk meer in de hand kan houden. Een rechtssysteem waar alsmaar ontkend wordt dat er geen klasse justitie bestaat. Maar hoe komt het dan dat een simpele burger er duidelijk slechter van afkomt in een zaak dan meneer de grote man? Eenvoudig, omdat de burger de dure advocaten niet kan betalen en omdat doorgaans in de burgerlijke rechtszaken weinig tijd gestoken wordt. Tijd is geld, daar is waar alles om draait en dat is in de gehele justitie ook duidelijk waarneembaar. De grote man, met de dikke buidel, kan diverse advocaten op een zaak zetten en zo zaak op zaak aanspannen, uur op uur en zo wordt de kostbare tijd van de rechters in beslag genomen, totdat hij meent zijn gelijk gehaald te hebben.

Jantje modaal moet doorgaans stoppen want er is geen dikke buidel die hem helpt. Er is geen advocatenapparaat wat voor hem opkomt en daar door is de tijd vele uren korter dan bij de welgestelde heren. Ook dat heren regeerders en justitie, is wel degelijk klasse justitie! Door deze scheve benadering en afhandeling van juridische zaken komen er vonnissen uit die niet altijd fair klinken en door de gewone burgerogen, moeilijk te begrijpen zijn en geaccepteerd kunnen worden.

Het is moeilijk te tornen aan rechterlijke uitspraken. Zeker als die dikke buidel er niet is om proces op proces te voeren. Maar we vragen ons af, zou het niet eens een optie zijn, dat ook de vele uitspraken tegen de gewone burger, eens doorgelicht worden of ze wel de ware democratie en recht van ons, burgers, garanderen? Dit wordt ons alsmaar voorgehouden in de artikelen betrekking hebbende op de fundamentele menselijke rechten en vrijheden. Regelmatig vernoemd in ons statuut! (paragraaf 43, sub 1 en 2).

Wij zijn geen rechter, geen advocaat en hebben (gelukkig) niet een juridische studie achter onze naam staan. Maar elk weldenkend mens met een gezond verstand en een gevoel, voelt en merkt dat er werkelijk iets scheef is in deze maatschappij en zijn rechtssysteem.

De vele tekortkomingen in dat systeem zijn ook medeschuldig aan de verpaupering van onze maatschappij.

Kunnen onze welgeleerde en strenge heren daar eens over na gaan denken? Onze dank.

Persbericht

Movementu Kontra Korupshon

Afgelopen week is Movementu Kontra Korupshon (MKK) gestart met het registreren van zaken die volgens u corrupt zijn.

Terugblikkend in de geschiedenis van onze eilanden is er gebleken dat er aardig wat zaken zijn die niet geheel volgens de regels gegaan zijn en nog gaan.

We praten o.a. over:
- De vele politieke benoemingen
- Het kwijtschelden van hoge belastingaanslagen
- Het toekennen van vergunningen.
- Toelating buitenlanders
- Politie optredens
- Grondverdeling en toekenning
- Illegaal bouwen
- Vreemde en duistere aankopen
- Geen controle op subsidies en projecten

Om maar enkele gevallen op te noemen.

We zouden een krant kunnen vullen met de vele gevallen die momenteel lopen. Er zijn in het verleden vele malen mensen geweest die getracht hebben dat te melden en aan de kaak te stellen maar alsmaar stelt ons rechtssysteem en onze bestuurders ons als belastingbetalende burgers erg teleur. Er wordt nauwelijks wat ondernomen, laat staan actie gevoerd tegen corruptie. Er wordt veel geschreeuwd en zelfs vele malen met rechtszaken gedreigd. Niet verwonderlijk omdat zeer velen op deze eilanden te veel van elkaar weten en de ene de andere dekt. Een 'angstcultuur' is er ontstaan waar de ene de andere bedreigt of in de tang heeft.

Bedreigingen met wapens, maar ook het in brand steken van huizen, over de vele inbraken maar niet te spreken. Momenteel staan wij, als eilanden, niet al te fraai te boek in de politieke- en zakenwereld. Dat hebben we werkelijk aan de corruptie te danken. Het vele geld dat verdwijnt en de massa's drugs die via deze eilanden verhandeld worden zet ons eilanden alsmaar in een zwart daglicht. Door de corruptie worden de armen, armer en worden de rijken steeds rijker. De lokale bevolking wordt werkelijk door deze corrupte mensen, bewust arm gehouden en vernederd. De maatschappij en zijn politiek en zijn ambtenarenapparaat zien toe, houden hun mond en sluiten hun ogen.

Af en toe hoog van hun dak schreeuwend en rood aanlopen als je het over corruptie hebt, maar daadwerkelijk actie ondernemen is er niet bij.

Wat wij als Movementu Kontra Korupshon willen gaan doen:
Wij gaan, als een niet politieke beweging, de corruptie in kaart brengen. We weten dat dit een hele klus is en daarom zoeken we mensen die zich hiervoor geroepen voelen. Mensen zoals advocaten, juristen, zakenmensen maar ook burgers zijn welkom. Welkom om de zaak aan te pakken en wat het belangrijkste is, de bevolking laten weten wie en wat er gaande is in de wereld van de corruptie. Maar het belangrijkste is dat u als burger gaat melden wat er mis is! Nogmaals, deze beweging gaat zeker geen politiek voeren. We gaan bestuurders over de vele zaken aanspreken en indien zij geen actie ondernemen

wordt er gekeken of er een mogelijkheid bestaat, via de nationale wetgeving of, indien nodig, internationale wetgeving, deze zaken aan te kunnen pakken. Door schuld van de verschillende corrupte personen, worden wij burgers over diezelfde kam geschoren en zijn wij, met zijn allen, drugs verhandelaars op een corrupt eiland! Is dat de titel die u voor uw naam wil hebben staan? Als u daar mee eens bent, doe dan niets en blijf rustig door slapen.

Maar wilt u niet vergeleken worden en vereenzelvigd worden met een drugsbaron of corrupt persoon, dan is het zaak dat ook u uw stem laat gelden!

Momenteel maakt de buitenlandse politiek gretig gebruik van onze corruptie en zet ons te pas en te onpas in het kwade daglicht. Door passief te zijn laten we alleen maar zien dat we het met de corruptie eens zijn.

Zoals al aangehaald, we leven in een 'angstmaatschappij' waar iedereen meent de ander in de tang te moeten hebben. Maar dat is te doorbreken door samen een blok te gaan vormen tegen deze relatief kleinere groep corrupte mensen. Er zijn wegen, wellis waar geen makkelijke, maar het is mogelijk.
Zeker als we met z'n allen 'nee' gaan zeggen tegen de corruptie die ons leven tot nu toe aan het bepalen is.
    - Onze eilanden, die een gewilde plaats zijn in de
    toeristenwereld.
    - Onze eilanden, die verschillende grondschatten bevatten
    maar angstvallig geheim gehouden wordt door enkele
    'vooraanstaande' mensen.

- De vele burgers, die vriendelijk van aard zijn en wel willend om te werken om goede projecten aan te pakken.

We hebben vele mogelijkheden en vele opties maar het zijn die corrupte personen die alles in de hand willen houden en alles voor zichzelf willen behouden en daardoor vele burgers blijven on- derdrukken!

Laten we samen dit doorbreken en ga de corruptie die u weet en bewijzen voor heeft melden op ons meldpunt: mkkcuracao@gmail. com of tel nummer 560-3914

Ook zijn op dit adres nieuwe medewerkers welkom die er genoeg van hebben van onderdrukking en geregeerd te worden door corruptie.

Wordt u ook een van ons?

Initiatiefnemer;
John Baselmans

Persbericht

Movementu Kontra Korupshon

Siman ku a kaba Movementu Kontra Korupshon a kuminsá registrá kasonan ku ta segun bo korupto.

Mirando atras den historia di nos islanan bo por konstatá ku tin basta kaso ku no a bai i ainda no ta bai segun regla.
Nos ta papia entre otro tokante;
- E kantidat di nombramentunan político.
- Apsolushon di aanslag haltu di impuesto.
- Atmishon di estranheronan.
- Aktuashon polisial.
- Pèrmit konferí na proyektonan ilegal.
- Partimentu di tereno.
- Konstrukshon ilegal di proyektonan grandi.
- Kompra straño i misterioso.
- No tin kontròl ni riba supsidio ni proyektonan.

Djis pa nombra algun ehemplonan. Nos lo por yena un korant di tur e kasonan ku aktualmente ta andando. Den pasado tabatin hopi hende ku a purba di hala atenshon riba e kasonan aki i ku a denunsiá, pero kada bes nos sistema hurídiko y nos mandatarionan a laga nos komo siudadano ku ta paga impuesto, hopi desapuntá. Apénas a tuma paso, no papia mes pa tuma akshon. Tin hopi gritu i hasta hopi biaha tin amenasanan ku kaso hudisial. No ta nada straño komo riba nos islanan nos tur konosé otro i un ta tapa pa otro. Di e manera ei a nase un ' kultura di miedu' kaminda un ta menasa otro, hasta ta dominá otronan. Amenasa ku arma pero tambe ku sendementu di kas na kandela, pa no papia mes di e hopi kiebronan.

Aktualmente nos no ta bon mirá den mundu polítiko ni komersial. Esaki ta debí na e korupshon ku tin riba nos islanan. Tur e plakanan ku ta disparsé i no lubidá e trafikashon di droga ku ta tuma lugá na e islanan ta pone ku nos ta mal mirá. Korupshon ta hasi pobernan mas pober i e rikunan mas riku. Konsientemente e hendenan korupto ta tene e pueblo pober i humiliá. E komunidat i polítika, i tambe su aparato gubernamental ta mira, sera wowo i keda ketu. De bes en kuando nan ta protestá i ta kunsumí ora ku bo menshoná e palabra korupshon, pero pa nan tuma akshon efektivo, esei no, lubidá.

Loke nos komo Movementu Kontra Korupshon kier bai hasi.

Komo un movementu no polítiko, nos kier bai registrá kasonan di korupshon. Nos sa ku esaki ta un trabou masha pisá i p'esei nos ta buska hende ku ta sinti nan mes yamá. Hende manera; abogado, hurista, komersiante pero nos siudadanonan tambe ta bon bini pa yuda ataká e asuntu i loke ta importante ta pa laga komunidat sa kiko ta pasando den mundu di korupshon. Mas importante ta pa abo, komo siudadano, denunsiá ora ku algu no ta bai segun regla.

Un biaha mas, e movementu aki no tin nada keber ku polítika. Nos ta bai hala atenshon di e mandatarionan riba e hopi kasonan i si nan no tuma akshon nos lo studia e posibilidat pa medio di leinan nashonal i, si ta nesesario, leinan internashonal pa trata e kasonan konserní. Pa motibu di diferente personanan korupto nos, komo siudadano, ta haya mes un mal nòmber i nos tur ta trafikadornan di droga riba un isla korupto.

Ta esei ta e titulo ku bo kier dilanti bo nòmber? Si ta asina, no hasi nada i sigui drumi trankilamente.

Pero si bo no kier wòrdu kompará ku un baron di droga, laga bo bos tambe resoná. Al momento polítika estranhero ta hasiendo mal uso di nos korupshon.

Manera menshoná anterior, nos ta biba den un 'kultura di miedu' kaminda tur hende ta kere ku nan por dominá otro. Por kibra esaki formando huntu un bloke kontra e grupo relativamente chikí di personanan korupto.

Tin manera, sigur no fásil, pero ku ta posibel.

Seguramente si nos bisa NO na e korupshon ku awor ta dominando nos bida.

- Nos islanan ku ta sitionan gustá den mundu di turismo.
- Nos islanan ku tin vários tesoronan den tera ku
ansiosamente
algun prominente ta tene skondí.
- Nos siudadanonan ta kariñoso di disposishon i ku
kier traha
pa logra alkansá e bon proyektonan.

Nos tin hopi posibilidat i opshon pero ta e hendenan korupto kier tene tur kos den nan man i kier tuma tur kos pa nan mes. Komo konsekuensia ku nan ta oprimí anos, siudadanonan.

Ban huntu ban kibra e kos aki i denunsiá korupshon ku bo sa di dje i ku bo tin prueba di dje, na nos punto di denunsia: mkkcuracoa@gmail.com òf number di telefòn: 5999-560-3914

Kolaboradornan nobo ku ta fadá i hartá di opreshon i korupshon tambe ta bon bini na e adrès aki.

Bo tambe ta bira un di nos?

Inisiadó; John Baselmans

MKK 'Signalement'

Na een zeer roerig begin blijkt er duidelijk dat er vele mensen zijn die de corruptie en de louche praktijken zat zijn op het eiland. De meldingen die binnen komen zijn niet mis. Ook blijken verschillende mensen de stoute schoenen durven aan te trekken en laten ook zij de perikelen zien die met burgers door de bestuurders en justitie uitgehaald worden.

In 'Signalement' wordt medewerking gevraagd aan ieder burger in het verstrekken van bewijzen en materiaal in verschillende zaken die lopen bij MKK.
Momenteel zijn de volgende zaken lopende;

- Justitie en zijn soms dubieuze uitspraken.
- Het niet beantwoorden/afhandelen van officiële stukken door de gezaghebber.
- Het niet beantwoorden/afhandelen van officiële stukken door politici en openbare besturen.
- Antwoorden van het kabinet van de Gouverneur die veelal hetzelfde zijn.
- Zaak bedreigingen in de wijk Barboucet.
- Zaak belastingen; Inzake het innen van AVBZ bij buitenlands ziekteverzekering betalende burgers, die van het eiland vertrekken.
- Functioneren politie; waar aangiftes verdwijnen en andere nooit afgehandeld worden.
- De mogelijkheid dat er Nederlandse paspoorten gekocht kunnen worden.

Mocht u enig bewijs hebben voor de bovengenoemde zaken, dan zijn deze welkom op het adres mkkcuracao@gmail.com.

Ze zullen dan bijgevoegd worden bij de reeds bestaande documenten ter ondersteuning. Samen kunnen we ons sterk maken, laten we samen de strijd aangaan tegen corruptie en het niet functioneren van onze bestuurders en het systeem.

Movementu Kontra Korupshon
Initiatiefnemer
John Baselmans

MKK 'Señanan'

Despues di un kuminsamentu turbulento a sali na kla ku ta hopi hende mes tin ku ta harta di korupshon i su práktikanan sushi. E informashonnan ku a drenta no ta faya. Vários hende a tuma e kurashi i anan tambe ta mustra e aventuranan ku e mandatarionan i hustisia ta hasi ku/kontra e siudadanonan. Den 'señanan' nos ta pidi kada siudadano pa koperashon i pa manda prueba i material tokante e vários kasonan ku ta kanando na MKK.
Al momentu e kasonan siguiente ta kanando

-       Hustisia i su sentensianan dudoso tin biaha.
-       Dokumentunan ofishal ku no ta wòrdu kontesta/ regla dor
        di gezaghebber.
-       Kontestanan di gobernador ku mayoria tantu ta parse mes
        un kansion.
-       E kaso di amenasanan den bario Barbouqet.

70

- Kaso di impuesto; pa loke ta toka e kobramentu di AVBZ serka nos siudadanonan ku ta repartiendo di nos isla miéntras ku nan ta pagando nan seguro médiko den eksterior.
- Funshonamentu di polis; kaminda deklarashonnan ta disparsé i otronan ku nunka ta wòrdu regla.
- E posibilidat pa kumpra un pasaporte hulandes

Si a kaso bo tin prueba di e asuntunan ariba menshoná, nan ta bon bini riba e adrès mkkcuracao@gmail.com.

Nan lo wòrdu agregá serka e otro dokumentunan ku ta eksistí kaba komo sosten.

Huntu nos uni forsa, laga nos bai huntu pa e bataya aki kontra korupshon i e fayo den funshon di nos mandatarionan i e sistema.

Movementu Kontra Korupshon
Inisiadó
John Baselmans

HOOFDSTUK 2

Achtergrondinformatie

2.0: Het systeem

Als we het systeem evalueren dan zien we een wereld waar alles bepaald is door wetten en regels. We worden geregeerd door mensen die veelal niet democratisch gekozen worden. Wereldwijd zitten er leiders, in besturen of in de politiek, die niet gekozen zijn door de bevolking. Door het manipuleren van stemmen of door stemmen te kopen maar ook door onderlinge afspraken te maken, is zo alles al bepaald. Nu is dat niets nieuws want hoeveel keren heeft de partij, met de meerderheid aan stemmen, langs de lijn moeten staan na een verkiezingsoverwinning? Is dat democratie? Nee, het systeem heeft zijn regels zo ingesteld dat het altijd kan doen wat het voor ogen heeft en wat het wil bereiken.

Dit is maar een tipje van de sluier wat er speelt in onze politiek maar wat er nog meer in de wereldpolitiek speelt. Een wereldpolitiek die gebouwd is op de stenen van geld en macht. Nationale banken beheren de wereld en ook dat gebeurt in onze eigen omgeving. Geld is wat de wereld beheert en diegenen die achter dat geld zitten (banken), zijn diegenen die de dienst uitmaken.

Maar wat is geld? Geld is een stukje papier of een munt wat geen waarde heeft. Het gehele monetaire systeem is niet gedekt door waarde zoals goud of andere metalen. Een fractie is maar vertegenwoordigd door waarde metalen waarvan de standaard maar 10% is van het totaal ingelegde bedrag! Dat is namelijk een fabeltje wat gecreëerd is in het systeem. De triljarden aan geld op de wereld is waardeloos papier en heeft alleen het papierwaarde! Beleggingen en speculaties houden op de beurs het geheel monetaire fonds in leven. Alle zaken in het systeem zijn terug te brengen in geld en banken en hun eigenaren. Overal zal de oorsprong daar naar toevoeren. Oorlogen worden gevoerd voor gelden die de kas moeten spekken.

De rente van deze investeringen zijn de speeltjes van enkele Nationale Banken. Is er geen oorlog dan wordt er een gecreëerd. Aanleidingen worden gemaakt zoals bij;

WW1: Waar Amerika voor de kust van Duitsland een passagiersschip liet zinken en 1260 mensen verdronken.
Balans: In die oorlog werden honderden duizenden mensen afge-slacht.

WW2: Pearl Hearbour werd opgezet door de Amerikanen tegen de Japanners. Een oorlog waar Hitler gesponsord werd door 'Standard Oil' en 'Union Banking Corp.' (Beide van Rockefeller). Met dat geld werd de oorlog in Europa in stand gehouden en honderden miljoenen verdiend door de familie Rockefeller.
Balans: Miljoenen doden en een rest haat tegen de Joden.

Vietnam: Werd opgezet met een zgn aanval op PT boten. Deze aan-slag is er nooit geweest en compleet in scene gezet door de toenmalige Amerikaanse regeerders.
Balans: Een nooit gewonnen oorlog met miljoenen doden.

Daarna kregen we **september 11:** Waar de toenmalige Amerikaanse regering duizenden mensen in de Twin Towers vermoordde om zo het fabeltje 'terrorisme' te creëren. Dit alles om een oorlog te star-ten. De gebouwen werden opgeblazen, net voor het moment dat de vliegtuigen insloegen! Het derde gebouw, wat op een onverklaarbare wijze was ingestort, bleek door een implosie verwoest te zijn.

Vele bewijzen zijn verdoezeld maar ook zijn er vele bewijzen boven water gekomen. Hetzelfde met het Pentagon die door een implosie deels beschadigd werd. Waar toevallig op dat moment, zeer weinig mensen aanwezig waren! Toevallig? Het vierde vliegtuig dat neergestort is maar waarvan nooit een wrakstuk is gevonden! Vreemd? Nee, er was geen vliegtuig! De zgn. terroristen werden, op enkele na, allemaal weer vrijgelaten! De oorlog tegen Irak en Afghanistan was gestart met behulp van Ben Laden, een familievriend van de familie Bush! Balans tot op heden: Duizenden Amerikaanse burgers in de torens vermoord en vele oorlogsslachtoffers in de beide landen.

Momenteel zijn er acties gaande om een oorlog te starten tegen Chavez en zijn Venezuela. Staatsgrepen hebben niet de nodige impact gehad en hem te vermoorden is nog niet gelukt. Blijft over: Chavez provoceren om hem zo uit zijn tent te lokken. Laatste redmiddel is; hem vermoorden.

Zo zie je duidelijk dat het systeem gebaseerd is op geld en macht en alles wat daar omheen draait! Vreemd genoeg en wat nu duidelijk blijkt, heeft het geld geen waarde.
Bijvoorbeeld:
.1.   Er zijn rechterlijke uitspraken gedaan in het systeem dat je geen belasting hoeft te betalen over waardeloos papier. 90% van het geld, wat op deze wereld circuleert, is niet gedekt. Het is rente op rente op rente. Wist u dat?
.2.   Er zijn mensen die geen hypotheek aflossen omdat de banken aan hen geld lenen zonder dat er geld aan te pas komt. De transactie die puur op papier gaat en waar niet 1 gulden aan te pas komt! Ook hierover zijn

rechterlijke uitspraken gedaan. Bij de mensen die geen hypotheek aflossen kan hun huis niet openbaar verkocht worden om die redenen!

Welk geheim zit hier achter? Geld, waar alles om draait, is waardeloos en is niet gedekt. Als u goed kijkt staat dat op het Amerikaanse papieren geld zelfs vermeld! Er staat letterlijk; This note is legal tender for…….. Met dat gegeven zijn momenteel vele processen gaande tegen een falend systeem. Want wat blijkt, iets kan geen 'legal tender' zijn als het geld er niet is en niet gedekt is! Het heeft wettelijk alleen de PAPIERWAARDE van dat moment! Een leugen om bestwil dus.

In een systeem wat compleet draait in het vergaren van geld, zijn vele mazen maar zijn ook vele ellendes te zien. Het domineren van mensen wordt gecreëerd omdat de mensen zgn. geld nodig hebben om te kunnen leven. Wat er werkelijk gebeurt, is dat door afhankelijk te zijn van geld, mensen voor bedrijven moeten werken. Bedrijven die weer onder een bank staan met doorgaans grote schulden die door hen gemaakt worden.

Zelf heb ik mee mogen maken dat een vooraanstaande bankdirecteur zich met de kunst ging bemoeien. Hij had een galerij geld geleend en hij ging dan ook bepalen welke kunst goed en slecht was. Binnen enkele jaren had hij me kompleet uit de Curaçaose markt gegooid. Wat bleek, ik weigerde bij hem te leren, trouwens ook niet bij een ander. Daardoor had hij dus geen greep op mij.

Hetzelfde deed dezelfde bank toen ik een eigen reclamebureau had. Ik ben gestart van eigen geld en alles liep erg goed. Klanten zoals Kodela, Setel en andere grote bedrijven behoorden tot mijn klantenkring. In die tijd heeft dezelfde bank mij tot drie maal toe geprobeerd bedrijfskapitaal aan te smeren, wat ik weigerde! Na de derde keer gooiden ze mijn creditlijn van mijn creditcards en bankrekening op nul. Na veel bellen kreeg ik de smoes te horen dat het een computerfout was. Is het niet zo, dat achter elke computer een mens zit? Zo besturen en manipuleren de banken ook deze eilanden. Je moet afhankelijk van hen zijn zodat zij kunnen beslissen over het geld wat bij u binnenkomt. Internationaal worden vele landen onder druk gekoppeld aan een Amerikaanse economie. Als een land dwars ligt wordt er ingegrepen door staatsgrepen of het doodschieten van lastige personen, regeerder of president.

Een ander fenomeen is dat door de Amerikaanse Bank er moedwillig armoede wordt gecreëerd. Zo sterven er dagelijks vele tienduizenden mensen op de wereld! Niet dat er geen geld of voedsel zou zijn om hen te helpen, maar omdat het land en zijn regering hen dwars liggen.

Zo zijn er de vele schandalen in de medische zorg en in de farmaceutische wereld: De experimenten met mens en medicijn en daardoor het uitmoorden van vele volkeren. Een van de grootste schandalen is wel het AIDS virus, dat nu de gehele wereld rond is. Allemaal gespeeld en gemanipuleerd door een bank en zijn geld.

Verder spelen de vele geloven een rol maar daar zal ik later op terug komen in een ander hoofdstuk.

Buiten het manipuleren van mensen door geld en hun gezondheid, zijn er ook zeer vergaande plannen met een chip en die we allemaal ingeplant krijgen. Geen fabeltje en de eerste mensen, meestal criminelen of staatsgevaarlijke mensen, hebben deze chip al in hun lijf.

Een volgende stap wordt in 2009 genomen door wereldwijd een chip te hebben in uw paspoort. Zgn. voor enkele gegevens en uw vingerafdruk, maar veel meer zal er op die chip staan. Ook hierover zijn al vele rapporten verzwegen gehouden. Deze paspoortchip heeft de mogelijkheid om u te 'tracen', waar u ook zich met dat boekje bevindt! Neem de nieuwe OV kaart die nu in Nederland wordt ingevoerd, eenzelfde controle op de manier hoe u reist en waar u zich dagelijks bevindt in het land!

Zo worden de mensen langzaam maar zeker, niet alleen slaaf van het geld maar ook slaaf van het systeem die precies weet wat u doet. Net zoals de pc die aangesloten is op internet en daardoor mogelijk maakt om alles van uw pc te controleren. Ook dat gaan we dus krijgen met deze 'Veri chip'.

Is het u niet opgevallen dat het onderwijs steeds slechter wordt? Niet alleen op onze eilanden maar ook wereldwijd gezien. De beperkte informatie die onze jongeren nog maar hoeven te leren is een bewuste afstomping van onze jeugd. Dom houden die hap anders komen er dingen naar boven die wij als burgers niet mogen weten. Slimmere kinderen gaan naar een 'speciale school' waar ze opgeleid worden in een vak waar ze in uitblinken. Maar wat er werkelijk gebeurt, is dat deze kinderen langzaam maar zeker 'brain dead' gemaakt worden. Op een gegeven moment kunnen deze mensen het niet aan en slaan door, plegen zelfmoord of eindigen in een instituut. We horen er niet veel van, maar het gebeurt dagelijks.

Spelletjes en computer programma's. Geweldig in opkomst en horen precies in het straatje, wat het systeem ook graag wil. Kinderen/ mensen die urenlang dom achter het scherm zitten, virtuele oorlogen voeren en zelfs werelden creëren. Deze groep is dan zo gemakkelijk te manipuleren want ze zijn dezelfde doelgroep als de vele verslaafden aan drugs en pillen die niet meer zonder kunnen en als schapen achter het systeem aanhollen. Worden ze te lastig, elimineren we hen, of sluiten hen op. We komen daar ook nog op terug in het hoofdstuk 'Wat er wereldwijd gebeurt'.

Als we werkelijk de lijnen volgen wat ons huidig systeem mee bezig is, zijn we weer beland in de tijd van Hitler die een superras wilde creëren. Mensen, die doen wat het systeem hen opdragen. Dat allemaal voor een handje vol mensen die werkelijk de hele wereld in handen heeft.

Afgelopen jaar is er nog wat gaande geweest over het vormen van een nieuwe unie. Er is weinig berichtgeving daarover geweest en zelfs erg stil gehouden. Amerika, Canada en Mexico worden samen een Unie met een eigen nieuwe muntenstelsel. De overeenkomst is getekend door heer Bush. Wat houdt dat in? Deze drie landen willen een bond voeren tegen de Europese Gemeenschap, Chinese hoek en de communistische landen. Samen willen deze drie landen zich sterk maken om alles te gaan domineren. Zo hoeft er niet meer gevochten te worden tegen een landje maar pak je een heel blok! Platgooien, uitmoorden en uithongeren is dan makkelijker en eigenlijk is die strijd al begonnen. Bij het ondertekenen van het Unie Verdrag is wat bijzonders gebeurd. De 'constitutie' waaronder de Verenigde Staten al die jaren heeft gedraaid, is daardoor komen te vervallen! Daarom dat alles zo stilletjes is verlopen en ook werd elke vraag hierover aan heer Bush afgekapt en vermeden.

Wereldwijd ziet en weet u dat er veel gaande is maar het belangrijkste is dat u het grote plaatje gaat zien waar het hele systeem om draait. Humanitaire zorg bestaat niet en de grote organisaties zijn met handen en voeten gebonden. Burgerrechten bestaan niet en burgers zijn ook niet beschermd. Het is zo, dat letterlijk alles onder enkele banken valt en die worden beheerd door zeer machtige families. Hebben zij geld nodig, dan starten ze ergens op de wereld een oorlog of valt er een regering. Ook wij, op deze eilanden en in Nederland zijn speelbal van deze instituten.

Wat zeer belangrijk is de berichtgeving; De dingen die in kranten, TV of internet gebracht worden. Deze meest belangrijke link in het systeem, is de spil van alle manipulaties.
Reclamebureaus zijn het 'brain' achter het bespelen van mensen. Zelf heb ik ook aan dit circus mee gedaan en het was soms moeilijk om niet verder te dalen in hun praktijken.
-       De kranten zijn het ergst, zij denken werkelijk God
        op aarde te zijn. Zij zijn zo gebonden aan de maatschappij,
        met het systeem weer daarboven, dat ze werkelijk mensen
        breken als het hen opgedragen wordt! Op dit gedeelte zal
        ik nog uitvoerig terugkomen.
-       TV is een medium wat ook nog plaatjes geeft en dat
        spreekt nog beter bij de bevolking. Maar TV kan de
        mensen ook bewust dom houden, zie maar naar de vele
        novela's, films en oerdomme spelletjes en niet te vergeten
        de ellenlange sportreportages die nergens op slaan.
        'Dom houden', is het hoofdmotto van dit systeem.

-       Internet is een iets meer opener medium en is nog niet geheel te controleren. Al is het systeem naarstig bezig om dat ook in de ban te krijgen.

Gelukkig is dat hen nog niet gelukt. Tot op heden is het nog mogelijk om op internet informatie te achterhalen die uw ogen kunnen openen.

Nederland, dat o zo machtig land, waar wij als eilanden afhankelijk van zijn en alsmaar achtervolgd wordt door een slaventijd die eens geweest is. Enkele duizenden mensen die gevangen en gebruikt werden. We maken er zo'n ophef van en het wordt door enkele, opruiende tekort komende figuren, gretig gebruikt van gemaakt. Maar wat is dat vergeleken met de slavenhandel en de slavernij die nu nog wereldwijd in ALLE landen heerst? Er zijn miljarden mensen die slaaf zijn van een systeem en van hun geloof. Het gaat heel ver en het gaat erg diep. We lachen om de film 'The Matrix', met al zijn vliegende mensen, maar wat er werkelijk werd duidelijk gemaakt was het systeem waar we nu in leven. Virtueel en bepaald door een enkel systeem. Sciencefiction?
Nee, het bestaat al zeer lang en is al duizenden jaren werkelijkheid. Jammer genoeg willen de mensen het niet begrijpen. Ze zullen het ook niet begrijpen omdat ze al zo ver afgestompt zijn en ze niet meer kunnen denken. 99.9% van de mensen zijn werkelijk 'brain dead'! Ze zijn geïndoctrineerd door een systeem dat werkelijk alle touwtjes in handen heeft. Of er uit te komen is vertel ik u in een later hoofdstuk.
Voor wat dit hoofdstuk betreft laat ik het tot hier.

2.1: Onze eilanden

De zes eilanden van de Nederlandse Antillen zijn: Aruba, Bonaire, Curaçao, Saba, st. Maarten en st. Eustatius.

- Aruba heeft zich een status aparte verworven in het geheel. De eilandengroep hebben werkelijk vele mogelijkheden om een goede bron van inkomsten te creëren uit het toerisme maar ook zijn er nog bodemschatten die alsmaar geheim worden gehouden. Bij wat speurwerk en het surfen op internet wordt het al zeer snel duidelijk dat er rijkelijk gespeculeerd wordt in de olie- en gasvoorraden onder onze eilanden. Stel je dat aan de kaak en praat je erover met politici dan zie je in een keer hoe ongemakkelijk ze zich voelen. Door dit onderwerp aan te snijden merk je zowel bij de Nederlandse - als Antilliaanse politici dat er iets gaande is waar wij burgers angstvallig van worden weggehouden. Dat bleek ook toen ik dat in enkele stukjes aanhaalde in de Nederlandse -, maar ook Antilliaanse kranten. Al zeer snel kreeg ik de stempel op me gedrukt dat ik een zogenaamde fantast ben! Iets waar het systeem werkelijk goed in is. Zodra iemand te veel weet of als iemand een pad kruist in het systeem en wat niet naar buiten mag komen, dan verklaren we hem voor gek of we illumineren hem. Het hele olie - en gas gebeuren krijgt steeds meer vormen. Op de Index wordt al gespeculeerd en zelfs belegd en er zijn al verschillende oliemaatschappijen die geregistreerd staan op de Antillen. Het enige wat je alsmaar hoort is, dat er proefboringen gaan komen. Maar ondertussen is een grote kaper al lang bezig zich te nestelen voor de kust van Aruba. Onaangekondigd zijn ze al aan het boren en meneer Chavez wrijft zich al in zijn handen want hij weet wat daar allemaal zit.

- Ondertussen is Nederland zich, op een diplomatieke manier, aan het innestelen op deze eilanden. Bonaire, Saba en st. Eustatius gaan onder de Nederlandse gemeenten vallen en Curaçao en St. Maarten gaan in een nieuwe vorm, maar onder sterke controle, zgn. losjes van Nederland af. Dit alles gaat afgekocht worden voor 5 miljard gulden. Of het een kans van slagen heeft is nog de vraag, want de bevolking begint zich werkelijk te roeren en het wil geen slaaf meer zijn. Maar wat deze mensen niet weten is, dat de gehele bevolking nog steeds slaaf is! Nog steeds moeten zij doen wat de rijke landen zeggen en hen opdragen en Nederland moet wel in de gehele wereldeconomie mee doen anders zijn ze zelf in het geheel van de kaart verdwenen. Nederland heeft weinig te vertellen over deze eilanden en dat bleek wel toen er te veel banden onderhouden werden met Cuba en Venezuela, waarop de Amerikanen meteen een basis stationeerden op de eilanden. Allemaal onder het mom om de drugs te controleren. Maar wat er werkelijk gedaan werd was het afschrikken van Venezuela en de man Chavez die een echte bedreiging vormt in de gehele wereldpolitiek. Nog steeds staat Venezuela bovenaan op de lijst van Amerika en het is een kwestie van tijd dat ook zij daar in gaan vallen. Nederland is stil en Nederland moet toezien hoe er bepaald wordt door een machtig land. Nederland mag alleen de vuile was opruimen waar ze ook zo min mogelijk energie in willen steken. Het is pappen en nathouden en zorgen dat die bevolking niet te veel bombarie maakt.

Nu dat er een schaarste gecreëerd wordt door enkele mogendheden in de olie - en gasindustrie, heeft Nederland wel interesse in wat hier onder de grond zit. Vooraanstaande personen, zakenmensen van de eilanden hebben al verschillende olie afspraken gemaakt en de contracten zijn al ontworpen.

Mensen die in diverse commissies zitten en nu al bepalen wie en wat er gaat gebeuren. Toen ik in een stuk aanhaalde dat onze Nationale Bank directeur ook daar in zat, wist deze arme man niet hoe snel en hoe vaak hij dat moest ontkennen in de lokale pers en TV. Hij was o zo bang dat er meer naar buiten zou komen. Ondertussen is alles weer onder controle en wordt er een rookgordijn gespannen door onze raffinaderij, letterlijk en figuurlijk. Een raffinaderij die jaarlijks zoveel mensen vermoordt en alle aardacht opeist om zo de werkelijke olievraagstuk te verbergen. Alle ogen zijn daar momenteel op gericht en ondertussen kunnen de onderhandelingen heimelijk doorgaan over onze bodemschatten. Bewijzen ten over en zelfs rapporten wijzen erop dat daarom Nederland zo graag die miljarden wil geven. We moeten toch immers eerlijk ruilen, nietwaar?

De eilanden hebben vriendelijke mensen, mooie baaien en een doorgaands niet slechte structuur. We zouden werkelijk alles binnen kunnen halen maar het wil maar niet lukken. Waarom? Ga even na wat er de laatste jaren aan het gebeuren is. Systematisch worden de eilanden arm gehouden en afgebroken. Ja hoor, er worden allemaal huizen opgeknapt en er wordt wel wat gespijkerd aan de stranden maar waar ik op doel is het bestuur, het daar aan hangende niveau en de vele gevallen van zelfverrijking die bekend zijn. Ik zal daar in het volgende hoofdstuk 'bestuur en politiek' uitvoerig op terug komen. Ook zijn er wat 'machtige' personen die werkelijk menen dat de eilanden van hen zijn. Het is jammer dat zulke mooie eilanden, met vele potenties, zo met slechte bedoelingen worden leeggezogen en gekleineerd.

2.2: Het bestuur/politiek

Het politieke klimaat op de eilanden zou alleen al een boek kunnen vullen maar is niet echt waard om daar nog veel negatieve energie en tijd in te steken.

Aruba is vanaf zijn status aparte werkelijk langzaam aan het afglijden in een compleet corrupt eiland waar zeer veel bestuurders bij betrokken zijn. Mensen die van elkaar te veel weten en zo elkaar in de tang hebben.

De overige eilanden hebben het onder de Nederlandse vleugel niet beter gedaan en zijn allen politiek erg onstabiel. St. Maarten kent zeer zware gevallen van corruptie maar uiteindelijk doet Curaçao het niet minder slecht om. Niet gek, omdat er gewoonweg niet genoeg kader is dat werkelijk weet hoe een land te leiden en te regeren. Maar dat alles is bewust zo toegelaten en gecreëerd door Nederland als grotere oppassers. Het mag hier niet geregeerd worden door mensen die kunnen denken.

Onze oude premier heer Pourier kan daar alles over zeggen. Ook hij, is na vele jaren van vechten erachter gekomen dat het niet goed MAG gaan in de politiek. Alsmaar werden normen verschoven. Wat overigens ook een mooi bewijs is in het terugvallen van de normen in ons politiekorps. Zij plukken letterlijk iedereen van de straat om maar bij hun club te behoren! Opleidingen worden alsmaar in niveau verlaagd puur omdat er anders niemand zou slagen.

In het onderwijs is dat duidelijk het geval, waar kinderen voortaan kinderen les moeten geven en waar de opleiding gewoon nergens meer naar kijkt. Op een gegeven moment werd zelfs op alle scholen het Papiamentu ingevoerd en was het verplicht de voertaal. Daar ging werkelijk alles mis. Er was geen materiaal om te leren en de kinderen werden in het verbaal uiten totaal monddood gemaakt. Het geheel was al bij de start een mislukking. Toch bleven de ministers volhouden dat het een succes was. Het gevolg was, kinderen vielen af en kwamen in de goot terecht en ze konden ook niet meer verder studeren! Eensklaps werd het zgn. succes afgeblazen en is snel het Nederlands weer terug gekomen op de meeste scholen. Ondanks de bewijzen van een Papiamentstalige school die alsmaar kinderen leverde die niets meer na de lagere school konden bereiken, werd toch dat Papiamentu ingevoerd. Motto; dom houden die hap.

We hebben een zwaar dieptepunt gehad toen we opgescheept zaten met een premier die nauwelijks Nederlands noch een andere taal goed beheerste. We werden werkelijk geregeerd door het laagste niveau wat we op het eiland hadden. Ook dat werd bewust gedaan, om zo de eilanden stil te houden en op die manier ze makkelijk te onderdrukken. Geen beslissingen werden in die tijden genomen. Niet verwonderlijk want deze 'leiders' begrepen amper wat ze lazen en over moesten beslissen!

Er was en is nog een groepje dat werkelijk alles aan doet om het communisme hierheen te halen via o.a. Cuba. Iets waar door Amerika, door hun basis hier te zetten wordt tegengehouden maar het speelt nog steeds. Ook toen, in beide gevallen (de niet geschoolde premier en Cuba) was Nederland nergens te vinden. Erger nog, Nederland deed mee en liet alles toe. Nederland wilde artikel 43 niet laten doen gelden ondanks de bewijzen die er ten overvloede waren/zijn. Het was allang goed wat het groepje Antillianen deed en precies volgens de planning van wat Nederland wilde. Namelijk; Afbreken die hap. Er was zelfs al sprake van, en dat werd onder de mariniers bevestigd toentertijd dat: Mocht er een inval komen, van wie dan ook, ze snel hun boeltje moesten pakken en wegvaren! Laat gaan dat lastig gedeelte van het Koninkrijk. Dit werd door verschillende toenmalige hooggeplaatste mariniers met veel trots bevestigd.

Zie wat de politiek werkelijk doet. Ze bouwen niets op, ze breken af en laten toe dat hun eigen volk verkommerd en vermoord wordt en dat allemaal voor geld. Bewijzen ten over en veel handelingen van deze politici zijn niet anders te verklaren.
Het niveau, waar we het al even eerder over hadden in dit hoofdstuk onder de politici, is toch zwaar beneden peil. Weinigen hebben werkelijk een studie gevolgd die waarborgt dat ze volwaardige bestuurders zijn. We praten grotendeels over onderwijzers en zelfs nog lagere niveaus die nu deze stoelen bezetten. Op deze eilanden kun je werkelijk met een grote mond en een goede kruiwagen en veel lef, premier worden of een wat mindere functie maar wel met topsalarissen, als je daar genoegen mee neemt.

Een werkelijk gestudeerde burger blijft ver weg van de politiek, gewoon omdat hij niet geassocieerd wil worden met het lage niveau waar de politiek zich al vele jaren in bevindt. Ook hier zijn vele gevallen naar boven te halen en zou ik weer een boek kunnen vullen. Door de zwakke besluitvormingen en de vele vriendjespolitiek is het duidelijk dat de eilanden niet geregeerd worden door die bewuste personen. Je merkt dat ook doordat ze niet naar buiten durven te komen en niet kunnen onderhandelen! Ze knikken ja, lopen weg en doen nee! Een mentaliteit die steeds meer ook onder de bevolking gaat leven. Veel wordt afgebroken door de politiek en dat komt Nederland alleen maar ten goede.

Zie de onderhandelingen nu in de nieuwe staatkundige structuur die gaande zijn. De ware Nederlandse onderhandelaars lachen zich dood, zo'n makkie hebben ze aan deze regeerders. Met wat kraaltjes en een dikke buidel geld kruipen ze wel en het lukt hen ook aardig.
Ondertussen worden de kleine lettertjes gezet en is het doodvonnis getekend, gas en olie zijn in de greep.

Hebben we een keus? Er is geen keuze want vele mensen op deze eilanden begrijpen niet dat ze slaaf zijn van het geld wat hier via drugs, gokwereld en maffia binnenkomt. De laatst genoemden bepalen alles en maken deze eilanden zo dat zij ze zo dadelijk voor hen zelf hebben. Dat is niet zo? Kijk even om u heen. Wat denkt u van de vreselijk dure jachthavens. De huizen die miljoenen kosten. De stukken grond aan zee die verkwanseld worden aan dubieuze projectontwikkelaars met hun miljoenenprojecten. Het weggeven van zeegebied wat gedumpt wordt waar weer een resort herreist van ettelijke miljoenen. Zo kunnen we een waslijst maken wat aantoont dat de lagere klasse en onze bevolking niet meer thuis horen op deze eilanden.

Waarom staan we internationaal nog steeds op de zwarte lijst van belastingsparadijzen? Foutje, vergissing? Laat me niet lachen, er wordt nog steeds vreselijk gesluisd in het geld circuit. Ook worden er nog dagelijks zeer vele vreemde transacties gedaan. Af en toe komt weer zo'n duistere zaak naar boven als er internationaal weer een van deze geldwolven gepakt wordt. Weldoeners, miljonairs, die het o zo goed voorhebben met onze lokale bevolking, maar ondertussen hen afkopen, omkopen of hen stukjes land afhandig maken. Politiek gezien wordt hier niets tegen ondernomen omdat deze leiders duidelijk bang zijn en meedelen in de winst. Geen wonder, want onderling wordt hier ook gesproken over een 'angstmaatschappij'.

2.3: De maatschappij

De angstmaatschappij waar ik in het vorig hoofdstuk even over had is waar deze eilanden zwaar onder te verduren hebben. Er zijn maar weinig mensen die niet afhankelijk zijn van een of ander instantie of persoon. Iedereen weet van iedereen wat en ze zijn werkelijk zo snel daarbij om een oordeel te vellen over anderen.

Dat heb ik meerdere malen mogen ondervinden op het eiland Curaçao. Van drugsdealer werd ik een fantast en van kunstenaar werd ik een arme boer. Allemaal etiketten die alsmaar opgeprikt werden en nog worden. Waar ze geen vat op hebben is wanneer je nooit geleend hebt bij banken of privé. Ook helpt het als je geen waslijst aan vrouwen op je naam hebt staan met een arsenaal aan kinderen. Want dan is daar ook niets op aan te merken.

Mensen lopen achter elkaar als schapen en wat de ene doet, doet de ander. Is het u niet opgevallen dat de huidige jeugd moeilijk is? Waar zou dat aan liggen? Je kunt vele wetenschappelijke rapporten open slaan en het op de opvoeding gooien, wat voor een deel waar is, maar de grote boosdoener is het systeem waar we in leven. Het onderwijs wordt duidelijk op een zeer laag pitje gehouden en vele kinderen vervelen zich en zien wel degelijk dat ze aan een lijntje gehouden worden. Hier op deze eilanden is daar nog een schepje bovenop gedaan want veel van de onderwijzers en leerkrachten hebben zelf nauwelijks een niveau gehaald! Ze staan voor de klas maar weten niet hoe te onderwijzen. Kinderen worden gestraft als ze iets mis doen en lastig zijn maar uiteindelijk merken de kinderen dat ze hun tijd zitten te verdoen.

Nu heb ik nooit een hoge pet gehad van het onderwijs zoals u kunt lezen. In mijn ogen zijn scholen de meest waardeloze instituten in de vorm zoals ze tot nu toe bestaan! Kinderen, onze nieuwe generatie, weten en voelen dat. Ze voelen dat ze bedrogen worden en zo worden ze met de dag opstandiger. Geef een kind wat interessants te doen, dicht bij het ware doel van het leven, dan zul je zien, het kind is een makkie. In deze maatschappij laten we kinderen dom en dat is al voor duizenden jaren zo het geval. Toch vergeten we dat kinderen puur zijn en meer weten dan wat wij in onze afgestompte maatschappij menen te weten. De meest simpele vragen komen uit hen maar wel met de grootste wijsheid. Zij zien en voelen waar de maatschappij mee bezig is. Kinderen zijn meesters in het aanvoelen. Want vergeet niet dat maandenlang dat gevoel de enige connectie met de wereld was! Het manipuleren, bezitten en het onderdrukken van de mensheid merken zij de dag dat ze geboren worden.

We hebben maar snel een nieuwe naam voor deze kinderen gecreëerd en we noemen ze nu 'Indigo kinderen'. Deze kinderen zijn wijs maar moeilijk en hebben een eigen wil. Echt, deze kinderen zien dat het huidige systeem een doodlopende machtsstrijd is van enkele machtige heren. Zij zien en voelen dat het mis gaat en ze verzetten zich daartegen anders is er geen toekomst voor hen en de wereld waar zij hun doel willen bereiken.

Onze maatschappij, die gebaseerd is op geld en macht, is een maatschappij die gewoon de mensen behandelt als slaven. Wat ik al eerder aanhaalde, de slavernij is nooit gestopt en is nog volop bezig! Er wordt alsmaar roet in de ogen van de mensen gegooid door een bepalend groepje mensen. Opgelegd en beheerd door wat banken met een nationale bank aan het hoofd. Zoals ik al aanhaalde

in een vorig hoofdstuk, leningen, hypotheken, schulden en dan ....
een behulpzame bank die uw droom werkelijkheid maakt. Die o zo
behulpzame banken willen maar een ding, dat u als slaaf voor hen
werkt. U werkt voor geld zonder waarde, geld wat nog steeds niets
is en met veel omwegen, rentes, en waardepapieren de zaken moet
dekken en voordoen dat het waarde heeft. Als we vandaag al ons
spaargeld/ beleggingen, op zouden nemen was er geen Antilliaanse
bank meer en niet genoeg geld om ons uit te keren. Iets wat over
de gehele wereld speelt en zo af en toe even gespeeld wordt om zo
de grote bankschulden weer recht te trekken over de ruggen van de
arme burgers. Als de bank niets heeft, hebben de burgers pech. Ook
dat hebben we de afgelopen jaren gezien in Amerika waar biljoenen
gepompt wordt in de economie om zo mensen weer tot lenen te
dwingen. Is het waardeloze geld op dan gaan we hun huizen, auto's
en bedrijven opvorderen en zo zijn de banken weer in een klap rijk
van geld wat er nooit was.

Nu weet ik dat u vele vraagtekens heeft en ik weet ook bijna
voor 100% zeker dat u zit te glimlachen wat hier geschreven staat.
Maar ik ben blij dat ik in het groepje zit wat onafhankelijk is en ik
niets bij iemand heb open staan. Ik kon mijn reclamebureau de dag
dat ik besloot te stoppen sluiten, zonder dat er een cent open stond.
Ik hoefde nergens mijn hand open te houden.

De Antilliaanse maatschappij is zwaar ziek en is totaal lam
onder de druk van buitenlandse maatschappijen. De enkele slimme
jongens hier op het eiland, die overleven, zitten doorgaans in het
witwassen van geld, drugs, gokwereld of het verkrijgen van geld
door louche zaken. Ze weten zo alles te manipuleren, tot genoegen
van de banken want die pikken ook daar weer een graantje van mee.

De Antilliaanse maatschappij is gebaseerd op deze pijlers.

Wat ook wel te zien is in de manier waarop kleine zaken als paddenstoelen uit de grond schieten maar ook weer net zo snel verdwijnen. Als je door de straten loopt op Curaçao lijkt het er wel op dat we, kleren, eten en elektronica dagelijks nodig hebben!
Op elke hoek van de straat is er een eettent met daarnaast een kledingzaak. Ik loop in kleren van 10 jaar oud omdat ik ze nauwelijks verslijt!

Een mooi voorbeeld was ook enkele jaren de tendens, dat goedlopende zaken, in een keer, meerdere zaken op het eiland gingen openen. Deze, toen nog succesvolle zakenlieden, trapten stuk voor stuk in de bla bla wereld van de bank. Grote leningen werden gegeven voor een 2de, 3de of zelfs 4de zaak naast hun oude hoofdkantoor. Wat gebeurde er, er waren daarvoor te weinig klanten op het eiland en de banken gingen innen. Eerst, weg zaak 4, daarna weg zaak 3 en daarna weg zaak 2 en als klap op de vuurpijl, weg hoofdkantoor! Grote winnaar……….. de bank! Niet een voorval, maar tientallen zakenlieden zijn zo gesneuveld en verdwenen.

Het gebied Sunset Highs, een mundi bij Brievengat. Op een gegeven moment werd het zaakje ontwikkeld en kavels van 400 to 700 vierkante meter waren te koop. De banken leenden vele mensen geld en zelfs zoveel dat er riante huizen gebouwd konden worden. Toen kwam de dag dat meneer de magazijnbediende, postbode of leraar de hypotheek moest gaan betalen. Dat geld hadden ze niet en de banken namen massaal de huizen af van deze mensen. Op een gegeven moment leek het wel een spookdorp met allemaal lege huizen.

De banken kreunden maar wreven in hun handen want naast de opbrengst van de veilingen waren er vele gezinnen die hun levenlang in de schulden zouden blijven staan om zo slaaf te blijven voor die bank.

Zo zijn er zeer vele voorbeelden aan te halen. Het systeem (de maatschappij) is een rotte appel die bewust gecreëerd wordt door enkele zeer machtige heren die zich banken noemen. Spelend met monopoly geld, want ons geld is niets waard, weten ze op die manier zo vele mensen onder druk te houden en te bezitten.

Slavenhandel, het woord wat taboe is maar nog dagelijks overal voorkomt.

Een ander fenomeen is zich aan het voordoen in de wereld en dat is een wereld te creëren van schaarste. Dat is heel eenvoudig, want is het schaars dan kunnen we meer vragen. We hoeven dan geen goedkeuringen te vragen aan instanties en niemand kan zeggen dat het niet waar is, toch? Hier enkele voorbeelden:

-   De eieren waren schaars, problemen met onze legbatterijen en ga zo maar door. Dat waren de smoezen die verzonnen werden. Vreemd genoeg was op de plaats waar ik woonde, Banda'bou, een overvloed aan eieren! De kippenfarms hier wisten niet waar ze met hun eieren moesten blijven. Na enkele dagen was vreemd genoeg een einde aan de staking van de leggende kippen en kwamen de eieren, met een forse verhoging terug, in de schappen.
-   Het fruit wat heer Chavez tegenhoudt! Ziet u het al voor u? Heer Chavez persoonlijk kijkend in de haven of er 4 bootjes naar Curaçao gaan met wat fruit. Daarvan afhankelijk? Nee hoor, het is een mythe en het past in

wat de regering aan het doen is, namelijk schaarste creëren. Een container met mooi fruit is overal voor een goede prijs wereldwijd binnen te halen.

Nog eentje. Medicijnen;

- Het is verplicht dat er nu generieken voorgeschreven worden. Daar is dus weinig op te verdienen en daarom importeren we deze medicijnen nauwelijks. Zo ontstaat er in een keer een tekort aan diverse goedkope medicijnen.
- Een voorbeeld, een tablet wat al tientallen jaren perfect werkt bij bv hoofdpijn. Het ding kost net 2 gulden voor 30 stuks en is nu niet meer te verkrijgen. Ik heb de groothandel gebeld en kreeg ik als antwoord; We mogen het niet invoeren! Bij navraag bij inspectie van volksgezondheid bleek het een kletsverhaal. Vervolgens belde ik de groothandel terug en kreeg de zin te horen; O nee, de leverancier verstuurt het niet meer. Ik belde in Zwitserland de leverancier op en het product wordt nog steeds gemaakt. Maar wat kreeg ik te horen, Curaçao bestelt het niet meer! Weer de groothandel gebeld, ze werden kwaad. Einde gesprek!

- Hetzelfde verhaal heeft een andere groothandel ook gedaan met een zeer goed middel tegen verkoudheid. Hetzelfde relaas, Curaçao bestelt gewoonweg niet meer! Ook deze groothandel is kwaad geworden na deze confrontatie.

Zo worden we in deze maatschappij dagelijks opgelicht en klein gehouden. De farmaceutische wereld is een van de machtigste geldverslindende industrieën en zij hebben werkelijk nog meer power dan de oorlogsindustrieën. Zo hebben ook enkele van onze bekende heren, deze zaken op Curaçao in handen. Ze hebben werkelijk de gehele gezondheid van de mensen op deze eilanden in hun macht. Ministers kunnen schreeuwen, bepalen of opleggen, maar deze zakenlui doen wat zij willen en zo is schaarste nu hun beste middel om dingen af te dwingen.

Meer is er gaande in onze maatschappij. Onze zwervers 'chollers' genaamd, mensen die het leven niet meer zien zitten en zwaar aan de drugs zijn. Ze zwerven en terroriseren werkelijk het hele eiland. Wat doet ons systeem? Niets! Alles wordt overgelaten aan particulieren. De weinige instanties die er bestaan moeten het doen met een absoluut minimum aan subsidie. Ze kunnen hiervan niet rondkomen en zo moeten ze reddeloos toezien wat er allemaal niet functioneert.

Een ander deel in onze maatschappij; de kinderen die uit huis zijn geplaatst. Om te huilen waar de kinderoorden mee moeten werken en ook hier zijn het weer de particulieren die het allemaal moeten doen en opvangen.

Ziekenhuis, weer een ander punt, een gebouw dat afgebroken moet worden en ver van dit eiland gedumpt moet worden vanwege allerlei ziektes die daar heersen. Een beleid van niets en vele specialisten die niet werkelijk voor de mensen opkomen, enkele nagelaten. Zo ook een ander ziekenhuis waar werkelijk zoveel fouten gemaakt worden, maar niet een instantie durft in te grijpen.

Onze maatschappij laat het allemaal toe, domweg omdat het geld angstvallig wegblijft of verdwijnt bij enkele personen. Een duidelijke tendens is, dat mensen moeten sterven voor de weelde van de rijken. Mensen die nergens voor dienen laten we creperen, maar ook oudere mensen die hun pensioen hebben gehaald en willen genieten van een oude dag krijgen nog niet een fractie van wat het systeem hun levenlang al heeft afgenomen via premies en belastingen. Een bedrag waar je net niet van dood gaat en een duur betaalde verzekering die nog steeds maandelijks betaald moet worden maar waarbij je niet verzekerd bent voor welke arts of specialist of ziekenhuis dan ook. De gevallen stervende mensen, die geen medische hulp krijgen, stijgen dagelijks.

De maatschappij op onze eilanden is werkelijk niet de enige die zo verrot is maar wat we hebben is, dat door de kleinschaligheid je het veel sneller ziet gebeuren en dat de politiek en hogere lagen openlijk mensen vernederen, uitbuiten en als slaven behandelen.
Je eigen volk wordt uitgeknepen en zo mishandeld voor een ding en dat is geld. Geld wat geen waarde heeft in een leven en je niet mee kunt nemen, laat staan iets mee doen als je dood bent.

Als u over het eiland rijdt zie je het contrast zeer duidelijk, de arme en de rijke. Wat is hier gaande? De politiek is al zeer lang bezig om de armen arm te houden om zo weinig weerstand te kunnen krijgen van hen. 'Ze kunnen immers niets' is werkelijk hun motto. Zie maar, ze willen niet werken en hangen maar wat rond.
Maar de rijken vergaren dagelijks wat er binnen te halen valt. Kijk naar de miljoenenhuizen die er alsmaar verrijzen en de vele resorts, liefst met metershoge muren. Tegen alle regels in maar anders worden die armen te lastig en zien we hun ellende.

Veelal buitenlanders die menen, met doorgaans zeer veel duister geld, alles te kunnen kopen. Sommigen ben ik eens na gaan trekken en dan gaan je haren rechtop staan wat je vindt over hen. Mensen die een zwaar verleden hebben en die nu koning spelen op een eilandje Curaçao genaamd. Af en toe grijpt Nederland in en worden er arrestaties gedaan. Grote sommen geld worden dan in beslag genomen. Ook daar zit een geheel netwerk achter. De belastingen op dit eiland moet dom gehouden worden, regeringen omgekocht en personen stilgehouden. Het belastingsysteem mag niet veranderen, kost wat kost! Maffia? Nee, dat is nog niet de ware maffia, die doen er nog een schepje bovenop.

2.4: De corruptie en maffia praktijken

Een onderwerp wat zeker niet geliefd is op deze eilanden. We hebben al duidelijk gezien dat vele plaatselijke bestuurders en regeerders direct in contact staan met de maffia. Gezien de vele duistere besluitvormingen en de meestal laffe houdingen die zij aannemen. Daardoor merk je dat er duistere machten bepalen wat zij aan het uit voeren zijn.

Als je de officiële stukken op na leest en je ziet rapporten en de dan daaropvolgende beslissing, dan weet je uit welke hoek het komt. Nu zijn er al in het verleden mensen geweest die al deze duistere praktijken wilden tegen gaan, maar helaas, deze personen zijn nog net niet in een gekkenhuis beland!
Ze hebben deze mensen het werkelijk onmogelijk gemaakt. We weten dat onze verkiezingen geleid worden door enkele zeer machtige zakenlieden die zgn. geen geld daarin steken. Maar het is wel opvallend dat er bepaalde partijen zijn die zware reclamecampagnes laten voeren. Het uitdelen van geld en zo het kopen van stemmen is hier een traditie geworden. Manipuleerbare stemmachines worden gekocht om zo verzekerd te zijn van een overwinning. Toch zijn deze gevallen, in het geheel gezien, nog maar kruimels vergeleken met wat er werkelijk achter de schermen gebeurt.

De kastelen die gebouwd worden op gedumpte stukken zee of natuurgebieden maar ook al het aankopen van het erfgoed wat de burgers nog bezaten, maakt dat er werkelijk niets meer onder de burgers blijft hangen. Stukken grond zijn verboden voor Antillianen en dat op hun eigen eiland, maar ook de manier hoe deze allemaal tot stand komen roept vele vraagtekens op. Veelal heimelijk en zonder vergunningen die dan jaren later eens worden afgegeven of er zelfs nooit tot stand komen. Natuurgebieden die plat gewalst worden voor een of ander hotel die ze niet weten te vullen. Maar niet te praten over de belachelijke presentaties van hen die we dan moeten geloven. Alles bij elkaar is het eiland gewoon verkocht aan de maffia. De maffia die de drugs en gokwereld in handen heeft maar ook nu aan het gokken is op de bodemschatten. U glimlacht weer? He, fijn dat maakt dit boek dan in ieder geval niet saai.

Ik heb de tijd en de tijd zal het leren wat hier geschreven staat. Er is veel gaande in onze maatschappij waar regeringen, instanties en mensen worden omgekocht en waar de maffia meent zowel de OM als de PR maar ook de Gouverneur en de Koningin te kunnen manipuleren. Ook is het een algemeen gegeven dat deze bewuste heren het gehele rechtssysteem in hun macht hebben. Alsmaar weten ze gebruik te maken van de vele mazen in de wet die dan later daarop weer niet voor de gewone burgers gelden. Zware advocaten die elke omzeiling kennen en dik betaald worden om hun 'meesters' te beschermen en te vrij waren van de vele illegale activiteiten. Diezelfde mensen die er een systeem op na houden om alle grote advocatenbureaus in dienst te nemen en hen dan te overladen met de vele strafzaken. Zo kun je als gewone burger moeilijk of met minder begaafde pleiters de strijd aangaan tegen dit blok! 'Belangen verstrengelingen' gooien dan deze bureaus het op en de belangen zijn duidelijk. Dat is een machtige heer die kapitalen in hun bureau steekt, tegen een armoedzaaier van een burger die nauwelijks duizend gulden bij elkaar heeft. De belangen zijn o duidelijk!

Terug naar de corruptie en de maffia.

Deze twee afscheidingen zijn een product van ons systeem. Groepen mensen die menen het systeem te kunnen bepalen en een systeem wat geleid wordt door geld en macht. Die macht menen deze corrupte mensen te kunnen vergaren om mensen onder druk te zetten, af te persen of hen het leven moeilijk te maken. Maar waar gaat dat naar toe? We hebben het al eens gezien in Amerika en Italië waar groepen maffia elkaar uitmoorden. Puur omdat ze de grootste en machtigste beweging willen zijn. Na deze onderlinge oorlogen komt het systeem dat weet welke groep waar actief is. Wat doet heertje systeem? Hij illumineert de laatste groepen en hun lijn der vechtende maffia bazen. Zo lost het systeem dit op. Door het elimineren van deze bendes krijgt ook het systeem deze macht en bezittingen in handen. Ze zijn toch allemaal illegaal verkregen, nietwaar?

Wij zitten nog in een komend proces waar eerst de maffia uit moet maken wie de sterkste is. Nu dulden ze elkaar nog want je hebt eerst een paleis nodig waarvan ze uit moeten - en kunnen opereren. Nadat een groep het in handen heeft, komt Jantje systeem en neemt alles over. Hoelang nog? Och, wat is tijd? Ik heb het genoeg en ik ga kijken hoe deze film afloopt.

Rechtspraak is van hetzelfde laken en pak. Klasse justitie is al heel lang op deze wereld en ook op deze eilanden. Hoe meer geld je bezit hoe groter de kans dat je uit de gevangenis 'goede toekomst' blijft. Zie naar de veroordelingen in de vele jaren van ons rechtssysteem. Lage - of geen straffen voor de rijken en hun politici en zeer zware straffen voor die landloper die over de straat loopt als lastpost. Dat nutteloos stuk wezen moeten we toch opruimen!

Recht bestaat er niet werkelijk en wat betreft bescherming van ons, burgers heb ik ook in het verleden bewezen, dat dat niet bestaat.

Wat ook geruime tijd de kop opsteekt is, dat het politie apparaat werkelijk zwaar aan het verpauperen is en hun aanzien daalt. Zelf heb ik lange tijd een schriftje in bezit gehad waar vele autonummers in stonden van bekende personen en politiewagens die allemaal dagelijks drugs kwamen halen in een huis wat achter ons lag. Bij aangifte liepen de agenten rood aan en het schriftje werd in beslag genomen als zgn. bewijsstuk! Als dank werd ik een tijd lang, bijna dagelijks, aangehouden voor controle.

Ook het machtsmisbruik bij dit apparaat is enorm. Zeer veel van die blauwe gasten menen werkelijk God te zijn, spelen en werken met buitenproportionele macht. Er is een zaak waar een gewoon burgergezin bruut uit hun bed werden getrokken, vernederd en als criminelen werden behandeld. Er bleek geen basis, geen bewijs en zelfs geen bevel te zijn! Bij het aanvechten van deze actie bij justitie worden deze mensen op alle fronten tegengewerkt en van het kastje naar de muur gestuurd. Iets wat ik enkele malen zelf heb ervaren. Dat wordt gedaan om zo de zaak in de doofpot te krijgen. Justitie, politie, OM en PG gaan zeker niet in alle gevallen vrij uit. Kijk even naar de Holloway zaak waarin zeer veel blunders zijn begaan. Iets waar je niet veel over mag schrijven en alleen maar mag denken. Maar vele handelingen en vele gedragingen wijzen erop dat de corruptie en maffia praktijken zeer ver doorgedrongen zijn.

Zeer veel dingen heb ik meegemaakt en zeer veel mensen zetten vraagtekens bij de vele stukjes en bewijzen die ik heb aangedragen.

Zowel in de Antillen als in verdere landen is het wel duidelijk dat veel met een korreltje zout genomen wordt wat ik naar boven haal. Maar wat blijkt? Zeer veel stukken komen uit, lopen nog of worden met vage duistere verhalen in het niets getrokken. Er zijn zelfs stukken verschenen met belachelijke beweringen van de Nederlandse BVD en Amerikaanse CIA. Maar wat blijkt, toen ik die persoon wist te achterhalen, dat ook die persoon tot zijn oren in de rommel zit.

Politiek is een spel van het systeem. Een systeem dat gebruikt maakt van enkele facetten en zwakheden van de mens.
- *Een mens wil bezitten.*
- *Een mens weet niet met ego om te gaan.*
- *Een mens wil domineren.*
- *Een mens gunt een ander bar weinig.*

Deze 4 zwakheden weet het systeem te gebruiken om oorlogen uit te lokken, de maffia te creëren waar nodig is en waar corruptie mensen verdeelt en haat en nijd zaait. Met dit gereedschap weet het systeem de mensen aardig te onderdrukken en er zal nog een 5de regel bijkomen die ik even wil aanhalen maar later zal bespreken;

- *De mens gelooft.*
Met deze zwakheden, lukt het voor een handje vol mensen op deze wereld, miljarden mensen te onderdrukken en als slaaf te gebruiken. Wij op deze eilanden zijn niets anders voor hen. We zitten in hetzelfde schuitje en ook hier zie je duidelijk hoe het systeem systematisch alles beheert en regeert. Onze politici, bestuurders maar ook de maffia en het geloof met de verdere corruptie, zijn marionetten van een verrot systeem.

Nu gaat er bij u hoogstwaarschijnlijk nog niet duidelijk een belletje rinkelen want een systeemdenkend mens zal dit alles zien als een opruiende taal of een communist die zijn partij aan het goedpraten is. Mmmmmm ik geef niet op in mijn pleicooi en heerlijk is het bij het schrijven van dit boek, dat niemand me kan beletten om de waarheid te publiceren. Er is geen krant, die bang is om naar buiten te komen. Geen TV of ander nieuwsmedia die me dwars ligt om mijn zienswijze naar buiten te brengen. Iets wat al vele jaren gaande is. Het boycotten van alles wat gevaarlijk kan zijn. Iets wat zelfs politiek, maar ook bij een Gouverneur en Koningin doorgevoerd wordt. Alles om een zekere zienswijze niet naar buiten te laten komen. Het afdoen als onwaarheden, opruiend of aanvallend zijn de zwakheden van deze instanties. Ook hier zal ik nog later op terug komen.

Je kunt overigens deze instanties, die producten van de maatschappij zijn, het niet kwalijk nemen. Ik neem hen al lang niet meer kwalijk omdat vele instanties tegen de muur staan als het op aankomt wanneer men over waarheden spreekt. Hun tekortkomingen worden werkelijk tentoongesteld door; brieven niet te beantwoorden maar ook elke conversatie te mijden. Allemaal tekenen dat ze in de tang zitten van een systeem wat geleid wordt door corruptie, maffia en een hogere hand.

2.5: Geloof en leefwijze

Beste mensen deze eilanden zijn o zo gelovig. Als je de mensen hier moet geloven is God hier geboren. Zelfs denk je dat er hier verschillende Goden rondlopen!

We kunnen in de vele wereldgeschiedenisboeken lezen dat er vele leiders altijd gemeend hebben dat ze God himself zijn en al deze gasten zijn op een vreemde manier verdwenen of aan hun einde van hun Godzijnde zijn gekomen. Ik ga u hier geen geschiedenisles opsommen, want geschiedenis is dood en dood is einde volgens dit systeem.
Waarom zou ik in een einde leven als ik nu leef?
Wat maakt het uit wat onze voorgangers hebben gedaan?
Wat maakt het uit dat we al hun romans lezen hoe goed of slecht ze zijn geweest?
Wat wil het systeem hiermee bereiken?
Dat is duidelijk; afstompen die hap, laat de mensen zich maar bedienen van oude materie die in den treuren herschreven en gecensureerd is.

Nu komen we direct op het meest gelezen boek van de wereld, de Bijbel. Een werkelijk roman geschreven door de Katholieke Kerk. Ik ben, zoals u ziet, niet gelovig want ook dat is een vorm van slavernij. Ik zal dat later uitleggen. Maar de roman, wat Bijbel genoemd wordt, is al lang achterhaald. De Bijbel, en dat is bewezen, is gebaseerd op een oud verhaal geschreven 3000 jaar voor Christus uit het Egyptische verhaal over de beschrijvingen van ons sterrenstelsel. Alle facetten van geboorte, sterren, tien geboden, Driekoningen, vissen, brood en wonderen staan ook in deze geschriften.

Wat is er gebeurd? Rond de jaren nul zat het systeem vast en de toen geldende wetten en regels waren niet voldoende om de losbondige bevolking in toom te houden en te onderdrukken. Het Katholieke geloof ontwaakte en werd met een geschreven verhaal, de Bijbel afgeleid van de oude geschriften van 3000 BC, de wereld ingestuurd. Met dat boek had de kerk werkelijk alles in handen om de mensen te onderdrukken en tot slaven te bekeren. Iedereen die het geloof niet wilde volgen werd verbrand, gemarteld en gedood. Het geloof legde letterlijk alle mensen aan ketenen! Er ontstonden (tot op heden) 35.000 nevengeloven die ALLEMAAL direct en indirect gelinkt zijn aan het Katholiek geloof en hun wijsheden in het boek de Bijbel. Allemaal verschillende groeperingen die hun verhaal verkondigen. Op die manier worden alle mensen die onder een of ander geloof vallen, wat indirect het systeem inhoudt, onderdrukt. Met de vele namen als; Christus, Krishna, God, Jezus Allah en Budha, we kunnen er een waslijst opnoemen, is het gelukt de mensen te laten geloven en zo te onderdrukken en te manipuleren. Ze laten geloven dat er een God is, die almachtig is en ons allemaal in de gaten houdt. Ja, die God bestaat, alleen hij hangt niet boven ons in de wolken maar is het systeem die puur op ons geld en werk uit is. De God dat beschreven is in alle boeken, zelfs tot 3000 jaren BC, is het systeem wat ons wil beheersen en manipuleren op een manier afgeleid van ons sterrenstelsel. Het systeem dat God als licht voorstelt. Het licht is onze zon, niet onze God!

Nu ik tot een antichrist en wie weet tot een duivel gebombardeerd ben, is het misschien makkelijker, zoals een goedgelovige meent, om mij te stenigen, martelen of uit te stoten. Ik stel u gerust, ik ben al uitgestoten en zal niet terugkeren in dit systeem.
Spaar de stenen, bloed, moeite en tijd.

Wil je het op Godlaster gooien, zal ik zeggen, kom maar en overtuig me dat het niet zo is. Ik zie en voel het op deze manier hierboven beschreven. In uw eigen wetten staat dat er vrijheid van Godsdienst is in onze landen. Mijn God is een andere als die van u en ik verkondig bij deze het woord van mijn God. Net zoals de vele geloven aan mijn deur of in een kerk die mijn zieltje (geld) wil winnen (lees inpikken). Er is geen laster omdat ik omschrijf waar een boek uit ontstaan is en uit welk boek de bovenstaande informatie geciteerd is.

We weten nu wie God is, en geloof me, er zijn biljoenen bytes aan informatie hierover. Gaan we even kijken wie dus onze politici eren en zich onder beschermd voelen.

God .... staat voor
De Zon .... het symbool van
Het systeem .... wat draait om
Geld en macht .... wat beheerd wordt door
Banken instituten .... wat uitdraait op
Slavernij !!

Dit rijtje, het rijtje wat omschrijft waar het systeem voorstaat. Wij mensen moeten slaven blijven van enkele heren die het systeem beheren en zo bepalen wat zij belangrijk vinden. Geld en macht. Kortom, diegenen die rond lopen bazuinen dat God met hen is en God hen gerechtigheid zal geven, dat zijn diegenen die ons als slaven willen houden.

Een ander voorbeeld is ons rechtssysteem. Je kunt onderhand geen bladzijde openslaan of het woordje God staat er geschreven, aangehaald of vernoemd. Ik denk soms dat het een kerk is als je in een rechtszaal bent. Zweren op God, beloven op Gods woord enz. enz. Maar waarom zal ik zweren op beroving van mijn eigen vrijheid?

God......die zon......het systeem, die mij als slaaf gebruikt!

Gaat er een belletje rinkelen?

Is het u niet opgevallen waar geloof werkelijk voor staat? Tot de dag van vandaag heeft geloof meer kwaad dan goed gedaan. Vele oorlogen waren en zijn er door de strijd tussen twee geloven ontstaan. De paus die niet weet hoeveel verderf hij moet zaaien, met zijn volgelingen die er nog een schepje bovenop doen door verkrachtingen, kinderen te misbruiken en samen als mannen in een bed te kruipen! Allemaal dagelijks wel iets over te lezen op de wereld in de media. Andere geloven menen, dat stukken land hen toebehoren en daarvoor zo hele volkeren afslachten. Het zijn juist die vele geloven die het ware verderf zaaien en dat allemaal voor een systeem, dat oorlogen, moorden en onrust nodig heeft om te gedijen.

Mensen, geloof is wat anders en is niet het geloven in een zon enz. enz. Geloof is het gebruiken van je eigen krachten die ongelimiteerd zijn. Krachten die iedereen bezit maar helaas vergeten zijn. Krachten waar het systeem barg voor is omdat ze vele malen sterker zijn dan hen.

- Hoeveel mensen zijn er al niet genezen van hun ziekte omdat ze er in geloofden?
- Hoeveel mensen zijn niet, onbewust, in staat tot vreemde prestaties?

In de sport en in de maatschappij duiken alsmaar 'vreemde' gevallen op die als bovennatuurlijk, goddelijk, of wonderen worden omschreven. Maar het is uw eigen geloof, het geloof in uzelf wat u tot alles kan brengen. Ik geloof in mijzelf en daarnaast geloof ik in de projecten die ik op zet en de boeken die ik schrijf. Ik geloof in de goedheid van elk mens en ik geloof in de energie die zij tentoonstellen.

Maar als u met mij over God praat dan is het niet die; God - zon - systeem - geld/macht - banken en slavernij die ook nog boven mij zweeft met een systeem, die mij altijd voorgelogen heeft.

God bent u, ben ik en is de energie waar wij allemaal het leven aan te danken hebben.

2.6: De mensen

Mensen, de mensen op onze eilanden zijn gewoon te bewonderen. Ik heb vele contacten met verschillende lagen van de bevolking maar het is ongelofelijk hoe de bevolking in de lagere klassen zich weten te handhaven in deze wereld. Ik zie hen dan ook werkelijk als mijn leermeesters. Ze weten te manouvreren in een wereld van armoede en weinig geld maar met een levenslust en een levenswijsheid waar vele zgn. 'rijken' veel van zouden kunnen leren. De vissers, schoonmaaksters of noem ze maar op, ze hebben het beter door dan menig ander mens die al zijn tijd en energie steekt in het vergaren, domineren en het oplichten van anderen. Geld, wat deze 'rijke' mensen zo arm maakt.

Wat je bij de lokale bevolking ziet is een ware rijkdom, ze aanvaarden het leven zoals het is. Ze praten niet over de slaventijd uitgevoerd door de Nederlanders in dat huidige systeem. Ze praten niet over de politiek en hun spelletjes. Ze lachen om diegenen die dagelijks rondlopen in apenpakjes met een strop die overigens een symbool is van de galg. Wist u dat niet? Och beste mensen, jullie weten nog veel niet. Die stropdas is echt het symbool van dat je aan de galg hangt en afhankelijk bent van het systeem. Mensen die diep in de natuur staan en verder kijken dan een systeem hen denkt op te leggen, lachen om deze clowneske vertoning.

Lachen, dat doet gelukkig de lokale bevolking ook nog erg veel. Ze hebben de spelletjes door en vanuit hen komt er veel waardevol levenswijsheid naar buiten. Niet alleen door met hen te praten maar ook puur om hen te observeren en te zien met wat voor een energie ze bezig zijn.

Vele ouderen onder de bevolking zijn wijs, zeer wijs. Laat ze dan geen school gehad hebben en zal het voor hen moeilijk zijn te lezen. Deze mensen weten meer door te zien en te voelen dan een persoon die zgn. hoog gestudeerd uit een Universiteit stapt, met een stapel papieren. De ouderen weten erg veel, veel van het leven en wat het leven werkelijk inhoudt. Wat ik al even eerder schreef, ik leer veel van deze mensen en een klein tipje van de sluier wordt opgelicht en overgedragen aan mij. Ook door hen weet ik zeer veel wat er gaande is op deze eilanden. Gedachtegangen en gevoel zijn de beste graadmeters van een persoon.

Ik heb daar geen boeken voor nodig. Elk persoon loopt met zijn eigen geschiedenis open en bloot over de straat en is te lezen door vele oudjes en zo ook voor mij zichtbaar.

De meeste mensen zijn onderhand zo dat ze lopen als schapen, eten als schapen, laten zich leiden als schapen en geloven ook wat hen voorgehouden wordt. Afgestompt en zonder enig initiatief, eigen wil, eigen zienswijze maar ook zonder eigen persoonlijkheid. Mensen die leeg zijn, moe, geen energie en geen fut meer hebben om te vechten. Mensen die leeggezogen zijn door een systeem en zijn maatschappij die menen iedereen te moeten bezitten. Merendeels zie je dat onder de mensen die leidinggevende banen hebben maar ook mensen die menen over lijken te moeten gaan. Het is zo mooi om de kracht van een oude honderdjarige vrouw te zien, die weet wat leven inhoudt, en dan heb je een bestuurder van amper 35, die werkelijk uitgeleefd is en voortgaat op een lege basis.

De mensen op dit eiland zijn geweldig. De lokale bevolking heeft me al sinds 1979 aangetrokken en heeft me zelden of nooit in de steek gelaten. Het is heerlijk hun reacties te zien, hun warmte te voelen en hun betrokkenheid met het leven mee te maken. Zij zijn mijn drijfsfeer en het zijn ook hen die me warm en oprecht steunen. Bang dat zijn ze wanneer ze hun mond openmaken tegen een meerdere, want die is in staat dat laatste van hen ook nog weg te nemen. Nederig, zoals ze zich opstellen om elke confrontatie uit de weg te gaan. Zo weet de top van deze eilanden al deze mensen te onderdrukken en zo door te voeren wat het systeem hen oplegt. Toch, de ware bevolking van deze eilanden hebben een werkelijke gave om het leven te leven met een absoluut minimum. Ze weten dat er gezorgd wordt. Ze weten dat een minimum, niet het minimum van een kwaliteit van een leven is. Minimum aan geld maar zij zijn heersers in het hebben van een kwalitatief zeer hoogstaand leven.

Praten over respect is een loze kreet uit een huidig systeem dat werkelijk terrein aan het verliezen is. Respect krijgen die geweldige burgers die zijn zoals ik al aanhaalde hier boven, niet degenen die in de stad als pinguïns met een galg om hun nek lopen, leeg aan energie. Die kunnen geen respect afdwingen noch eisen. Mensen die zelf op zijn, leeg uitgezogen door een systeem, hebben geen macht om respect op te eisen. Respect is wat die honderdjarige vrouw heeft voor de natuur en zijn omgeving, dat is respect.

Deze mensen weten, beter dan geen ander dat de slavernij nog steeds bestaat en dat er alleen langs een andere manier mensen aan het werk gehouden worden door ze financieel zo in de tang te houden dat ze geen kant meer op kunnen. Financiën die door de lagere bevolking makkelijker onder de knie gehouden wordt dan in de hogere lagen.

De regel van NU leven en niet kijken wat er gisteren was of wat er morgen komt is een regel die zij dagelijks hanteren. Waarom ons druk maken over wat er gisteren is gebeurd, we hebben het toch overleefd? Waarom ons druk maken wat morgen komt? We zijn er nog niet, we zitten toch nu in deze dag? Morgen en gisteren zijn begrippen die ook niet in het ware leven bestaan maar gecreëerd zijn door een systeem die zo nodig een verleden ging creëren en een toekomst die vele mensen nooit zal meemaken.

Een matrix, weet u wel?

2.7: De ingezonden stukjes

We belanden nu op het gedeelte waar ik steeds frequenter stukjes ging schrijven. De tijd dat er zelfs soms twee per dag geplaatst werden en de mensen overspoeld werden met korte stukjes met feiten die dagelijks te zien en te horen waren. Al in het begin van mijn verblijf op dit eiland was ik in de pen geklommen om wat dingen te signaleren. Maar wat bleek, meestal was er geen response noch enig reactie. De mening van een burger was niet belangrijk en is overigens nog steeds niet welkom. In een systeem en een maatschappij waar je als een schaap moet lopen achter de leider zal het moeilijk zijn als je als schaap een afslag neemt.

Ik heb nooit met het systeem mee gedaan en ben van nature een dwarsligger. Niet een dwarsligger om de mensen aan te vallen of te kleineren maar een dwarsligger die alsmaar vragen blijft stellen en blijft kijken hoe zijn medemens daarop reageert. Daar had ik op deze wereld al genoeg voer voor en op het eiland Curaçao in overvloed. Wat bleek? Vragen stellen waren en zijn lastig, meningen zijn niet welkom en de regeerders/ bovenlaag is niet gediend van kritiek.

Pas de laatste jaren kwam er een opzet bij die me wel interesseerde. Hoever is de pers te manipuleren en hoever is de corruptie werkelijk doorgedrongen in deze maatschappij? Daarnaast wilde ik de gevestigde orde doorbreken van de manier hoe stukjes en artikelen geschreven werden in de vele kranten. Soms had je een woordenboek nodig om een stukje te vertalen. Al was het dan in een krant gezet voor Jantje publiek, niemand wist waar ze het werkelijk over hadden! Het was meer een 'show off' hoeveel moeilijke woorden je op wat vierkante centimeter kon plaatsen.

Het smijten met artikelnummers, wetten en voorschriften moest laten zien hoe die persoon gestudeerd had! Het leek wel of het tijdperk Den Uyl verder leefde. Hij presteerde 3 uren lang voor de TV te praten en na drie uren NIETS gezegd te hebben! Een kunst die vele burgers werkelijk roodgloeiend liet aanlopen, maar kennelijk doorspeelde bij de oudere generatie stukkenschrijvers.

Daar ontstond het idee en was al snel duidelijk dat ingezonden stukjes een weg was om aardig wat op tafel te krijgen. Mijn verzamelboek en mijn elektronische files zijn uitgegroeid naar grote proporties en is zelfs moeilijk te hanteren. Maar het schrijven was zeker een mooie bezigheid. Heerlijk vanuit mijn hart en ziel met mijn eigen woordkeuze midden in het publiek staande.

Dat het aansloeg bleek ook wel want er waren twee groepen reacties in de loop der jaren. De intellectuele/politieke - en zakenwereld die me op alles en nog wat aanvielen en monddood wilden maken. Mijn schrijven was niet volgens hun normen en waarden. Dan hebben we de 'gewone' burgers op straat en aan de snek die mij kenden en pluimpjes gaven dat er eindelijk iemand was uit het volk die durfde te schrijven in de kranten wat er werkelijk speelde op deze eilanden.

Toch bleek vele malen dat er geen werkelijke vrijheid van meningsuiting bestaat. Iets waar ik de kranten regelmatig op wees. Er werden stukjes geknipt en stukken tekst werden en worden nog steeds weggelaten. Stukjes die over hun 'vriendjes' gingen werden gewoonweg niet geplaatst! We leven werkelijk in een wereld waar alles gecensureerd is.

Hetzelfde wat we hebben bij TV8/6 waar precaire gedeeltes gewoon uitgehaald of geknipt worden. Dan maar niet te spreken over een slavenvrij en meningsvrij eiland! Een farce, een lachertje en we weten duidelijk dat we in een overkapte communistisch land leven. Niets nieuws, want ook dat zijn Nederlandse invloeden waar te veel wringen niet welkom is in die cultuur. Werkelijke vrijheid om je mening te uiten en werkelijke vrijheid om je te begeven waar je wil is maar een fabel en dat wordt alsmaar de burgers voor gehouden.

We weten dat zowel de kranten als de TV wereldwijd dat doorgeven wat door het systeem opgelegd wordt. We weten ook dat er geen vrijheid is om te zijn waar wij willen. Zelfs in de meest zogenaamd vrije landen als Nederland en de Antillen zijn grote stukken land onbegaanbaar voor de burgers. Veelal onder het mom van staatsveiligheid en andere meest onzinnige smoezen.

Allemaal aanleidingen om stukjes te schrijven en daardoor reacties en prikkels uit te lokken.

2.8: Het doel van deze stukjes

Het doel is u nu al wat bekend en ik heb dat eigenlijk al wat uitgelegd in mijn vorige hoofdstuk.

Er is duidelijk geen vrijheid van meningsuiting en dat bleek wel toen ik mijn MKK groep oprichtte. Het doel van de stukjes is duidelijk een doel wat ik bereikt heb, gezien de grote aantallen stukjes die nu door vele mensen uit het lezerspubliek geschreven worden.

Jammer genoeg waren er vele persoonlijke aanvallen en misplaatst maar dat is de vrijheid die er meer zou moeten zijn. Persoonlijk aanvallen is nooit mijn doel geweest en als ik namen noemde dan was het zakelijk en nooit persoonlijk. Wat hem/haar afkomst, ras, kleur of geloof is doet niet af aan het functioneren in deze corrupte maatschappij.

Nu ben ik op het woord waar alles omdraait, 'corruptie', want dat is wat ik bijna dagelijks in mijn stukjes naar buiten bracht. De gewone burger die alsmaar in de steek gelaten wordt door de regeerders en justitie die het o zo druk hebben met hun eigen ego. In elk stukje was iets van de corruptie te proeven of de belachelijke situatie wat vele bestuurders / politici dagelijks naar buiten brengen. Belachelijk dat volwassen mensen werkelijk zich niet weten te gedragen. Iets wat ook nog eens duidelijk onderstreept werd door heer Brinkman die werkelijk de gehele Antilliaanse politiek bloot legde, opentrok en letterlijk hen in hun hemd liet staan. Door zijn soms zeer rake uitspraken werd de hel echt opengetrokken en de politici lieten stuk voor stuk zien dat ze niet kunnen onderhandelen en nauwelijks de Nederlandse taal beheersen.

De vele tekortkomingen waar ik al lang over geschreven had.

Het doel om de gewone burger in een Jan boer en fluitjes taal, te informeren was overtroffen en zijn werkelijk gelezen door zeer veel mensen. Meer een bewijs dat de pers en de gehele gefrustreerde - en politiekgezinde groepen zich meer en meer belachelijk maken met de hele gang van zaken.

De vele informatie die bewust achtergehouden wordt en de vele zaken waar de pers er een complete soap opera van maakt is in de nieuwe wereld aardig aan het achterhalen. Je merkt ook wel dat er geluiden opduiken dat er zgn. te veel informatie op het internet te achterhalen is en kranten klagen dat hun verkoop blijft dalen. Een werkelijke nieuwe tendens is aan het opsteken: Het vrije nieuws wat zelfs in enkele landen al vrij te verkrijgen is in drukvorm. Echt, alle nieuws is vrij te vinden in die gratis kranten maar ook op internet, dan ook nog met de mogelijkheid om verdere informatie te krijgen.

Kranten zijn aan het doodbloeden en langzaam is het systeem zijn terrein aan het verliezen want een internet zal niet in te dammen zijn en zo zal er meer en meer waardevolle informaties bij iedereen in de huiskamer verschijnen. Zo blijft voor het systeem alleen de TV nog over en ook daar zullen grote veranderingen in komen en zijn al te zien (You tube bijvoorbeeld).

Het doel van deze stukjes heeft mijn verwachtingen overtroffen en ik kan op een zeer tevreden periode terugzien. Mijn doel is gelukt. De zaak is opengebroken en er is bewezen dat er eerder informatie te verkrijgen is dan dat in de kranten wordt vermeld. Dingen blijven tegengewerkt worden omdat de politiek zijn wil oplegt aan de vele kranten. Dat zal u later nog lezen in dit boekje. Maar maak u geen zorgen, dat zijn de laatste stuiptrekkingen.

2.9; Gedachtegang

Mijn gedachten zijn waarschijnlijk door u niet te begrijpen en worden ook al bij vele mensen cmschreven als 'out of space' en als 'fantasie'. Ik ben ook niet verrast dat u alsmaar bewijst dat u werkelijk een product van deze maatschappij bent en een meester in bent om anderen in hokjes te plaatsen. Goed, plaats me maar in een hokje wat u voor me bedacht heeft, ik weet dat er geen hokjes zijn en dat ik in ieder geval geen slaaf ben van deze maatschappij in dit systeem.

Nadat ik het door had, via mijn reclame opleiding, hoe het systeem werkte en hoe mensen worden gemanipuleerd leek het me interessant in hoeverre de dagbladen en hun TV dingen doorvoerden. Al snel werd het duidelijk dat de pers hier beheerd wordt door de politiek. Dat was duidelijk te zien aan de campagnes die gevoerd werden, dus welke partij 'gebonden' was aan welke kranten en TV en daarmee naar buiten kwamen. Daarnaast werd het duidelijk waar het geld vandaan komt en waar de mensen werkelijk de ander in de tang hebben.

Een ander zeer mooi voorbeeld is de PAR die nu slaaf is van de FOL. Hoe ze het ook ontkennen, PAR heeft niets te zeggen. Wat is er mooier dan dat via stukjes aan de kaak te stellen?

Mijn gedachtegang gaat hier vanuit en ik ben trots dat ik dat mee mag maken. De experimenten en de projecten die ik allemaal gestart heb, bewijzen keer op keer op mijn gelijk. Maar gelijk wil ik niet halen want wie zit nu te wachten op mijn gelijk? Niemand toch? Maar wat mijn opzet is en wat ik wil bereiken is wat er al gebeurd is.

121

- De 'gewone' burger is aan het schrijven.
- De belachelijkheid / onkunde van deze politiek en mensen is duidelijk in de wereld gekomen.
- De corruptie wordt opengetrokken.
- Buitenland kan niet meer om de feiten heen en wringt zich in alle bochten.
- Het laten inzien dat een enkel burger in een corrupt systeem toch wat kan bereiken.
- Het juridisch systeem is werkelijk gebaseerd op een mythe waar je moet zweren op een zon die staat voor een systeem wat slavernij bedrijft.
- De hele pers en zijn media zitten puur onder de duim van een onderdrukkend systeem waar nog steeds geen vrijheid van meningsuiting bestaat.

Het is meer dan wat ik verwacht had en het is voor een 'gewone' burger een doorbraak die nu ook nog eens in een boek wereldkundig wordt gemaakt. Mijn project, mijn gedachten zijn werkelijk op vele punten overtroffen en zonder dat iemand het wist waren er vele medespelers, die al maar gretig meededen en zelfs met een zeer grote maat schoenen daarin trapten. De mensen om mij heen lachten maar wat, maar ook zij wisten niets van mijn bedoelingen. Er werden vele registers opengetrokken om mijn mond te snoeren maar er was iets wat ook de dagbladen aantrok en wat het publiek niet altijd wist. Iets waar de kranten niets van snapten maar aan mee deden zonder ze het wisten.

Meerdere malen heb ik de kranten erop gewezen dat ze 'nieuws' zondermeer plaatsten. Weinig werd er echt onderzocht en dat bewijst dat er geen werkelijke journalisten op hun plaats zaten.

Dat is nog steeds zo en de huidige kranten worden gemaakt van het nieuws wat Reuter, ANP hen opzadelen maar ook het lokale nieuws ging meer over roddels.

Vele kranten hangen van de roddels en ongefundementeerde stukken aan elkaar vast.
Ik heb hen dat laten zien in een geschreven stukje, vele jaren geleden, wat compleet nergens op sloeg en klakkeloos geplaatst werd! Hele pagina's worden volgeschreven als het maar verkoopt. Meer bloed, meer geweld en als Jantje met een andere vrouw staat, worden de koppen zelfs op de voorpagina aangepast. Journalistiek is werkelijk ver te zoeken.

Dat fenomeen is niet alleen op deze eilanden en dat heb ik ook bewezen in de tijd van mijn dolfijnen acties. In Nederland maar ook de rest van de wereld is journalistiek niet het brengen van het ware nieuws maar het opdringen van gemanipuleerde stukken door een ziek systeem! Dat heb ik duidelijk in mijn stukjes naar voren gebracht en ik kon met een zekerheid van 99% zeggen welk stukje wel of niet geplaatst werd! Het was voor mij een spelletje om te kijken of ik het weer goed had. En ja hoor, vriendje X kwam er in voor of het was te scherp, dan was dat stukje wat in de prullenbak belandde. De laatste 2 maanden van mijn stukjes schrijven werd dan ook rijkelijk beloond. Op een na, werden de stukjes in zijn geheel geplaatst.

Mijn gedachten zijn nu wel bekend naar u toe. Het is u nu ook wel duidelijk dat de hele vrijheid van meningsuiting een totale farce is die ook nog eens gedekt wordt door een ziek systeem en zijn bestuurders rond de wereld.

2.10: Werkwijze

Ik zal meteen van de gelegenheid gebruik maken, in mijn eigen boek, om te verklaren dat ik mijn informaties heb van zeer betrouwbare bronnen, bronnen die niet liegen en ook niets hoeven te verbergen. Bronnen die boven het systeem staan en zelfs geen bescherming nodig hebben. Maar als u nog eens mijn stukjes terug leest en de geschiedenis, oude kranten en de komende berichtgeving in de gaten gaat houden dan zal u zien dat er niet een stukje uit mijn duim gezogen is.

Wat u niet wist was dat er stukjes bij de redactie kwamen waar de kranten zelf nog niet op de hoogte van waren. Sommige stukken werden dagen vast gehouden en dan kwam plotsklaps het bericht uit het niets via hun bekende kanalen binnen en werd mijn stukje ook geplaatst. Toch werd er informatie achter gehouden en zeker als het over hoog vooraanstaande personen waren. Dan kon ik op mijn vingers nagaan dat het niet geplaatst zou worden. De politiek is werkelijk de baas over vele kranten. Iets wat hardnekkig ontkend wordt maar wel dagelijks bewezen wordt. Wat later nog eens extra onderstreept werd in een persbericht wat ik voor MKK uitgaf. Ook werden er stukjes geschrapt en herschrijven door andere schrijvers! Ja, ook dat is voorgevallen. Andere schrijvers die zich bedienen van mijn informatie. Het is nooit toegegeven maar opmerkelijk genoeg toen ik de bewijzen doorgaf aan de directie, was plotsklaps de schrijver, die deze stunt het meeste uithaalde, van het schrijverstoneel verdwenen.

Dat alles maakte het gehele experiment nog sappiger en nog interessanter, want hoever gaat dit alles?

Ik kan u zeggen dat duidelijk bewezen is dat kranten, pers, tv en alles wat media is, een speelbal is van het systeem. Alleen wat u mag weten wordt naar buiten gebracht. Is het u niet opgevallen dat welke krant dan ook, binnen- of buitenland nog maar bestaat uit maximaal 2 pagina's met werkelijk relatief zinnig nieuws? Ja, werkelijk de rest is vulling, geroddel en onzinnige berichten, zoals dat Pietje Bel links af is geslagen ipv rechts. En hoe de haren zitten van Jan Klaassen.

Er is weinig nieuws wat werkelijk naar buiten komt en veel wordt voor ons verzwegen. Net zoals de stukjes door mij geschreven die teveel los lieten. Een stukje glipte door de screening heen en dat was over de olie. Dat artikel had dagen daarna nog effect met ontkenningen verklaringen en zelfs een debat! Man, wat een impact had dat stuk en vanaf die tijd werd het als een fabel/ verzinsel afgedaan. Het was geweldig om te zien hoe in een keer, machtige grote heren de kriebels kregen.

Andere stukken over dierenmishandeling hebben politiek gezien niet zo'n gevolgen maar het achterhouden van het dolfijnenongeluk van de lokale kranten was het mooiste voorbeeld van censuur en de daarachterliggende angstmaatschappij. Ik had een van de slachtoffers naast me, we belden een van de kranten op of ze geïnteresseerd waren voor een interview. Niemand op dit eiland durfde dit te gaan publiceren! Allemaal waren ze bang. Totdat de Telegraaf het doorbrak en er geciteerd kon worden van dat artikel. Er was werkelijk geen een journalist op dit eiland die een artikel aandurfde tegen een Seaquarium en Dolphin Academy, terwijl alle bewijzen en film aan hun geleverd konden worden samen met een slachtoffer!

Zo zit grotendeels de lokale pers in elkaar, allemaal stuk voor stuk in de tang van machtige bedrijven en hun heren. De lokale pers is werkelijk bang en dat heb ik in de laatste jaren duidelijk bewezen. Zelfs de connectie van mijn naam met iemand in de pers geeft moeilijkheden. Het is wel diezelfde pers die zelfs via enkele mails mij schreef dat er geweldige stukken waren waar moed voor nodig was. Van een ander eiland hoorde ik van een journalist waar ik het lef vandaan haalde en dat hij dit niet kon en mocht schrijven! Daarnaast kreeg ik nog een compliment voor het heerlijk eenvoudig schrijven van de stukjes. Ja, achterom via via en zeker niet openlijk, waren er zeer velen die mijn stukjes waardeerden en lazen. Velen met dezelfde gedachten; 'eindelijk, dat, dat eens naar buiten gebracht wordt'. Die angstmaatschappij, u weet wel, waar al deze eilanden o zo onder gebukt gaan.

Diezelfde angstmaatschappij heeft mij meerdere malen onder druk gezet van exploten tot schadevergoedingen, van woede uitbarstingen van een bankdirecteur, tot het bedreigen met een geweer en verder de kleine pesterijen van de maatschappij. Maar jammer voor hen dat alles is en was gebaseerd op waarheden. De enige rectificatie die ik gedaan heb was, later gebleken, niet nodig geweest want alle bewijzen waren onderweg maar helaas toen nog niet in mijn bezit.

Mijn stukken hadden meer impact dan dat ik had durven dromen want de politici die me belden in het verleden werden stil en zelfs geen een brief van die zijde kwam meer binnen. Natuurlijk begrijpelijk, want ik pakte ze meteen terug op hun eigen leugens. De ontelbare brieven en de honderden stukjes hebben zowel als op deze eilanden maar ook in de Nederlandse politiek heel wat los gemaakt.

2.11: Wat er wereldwijd gebeurt

In de hele opzet die ik gemaakt heb en met het uitgeven van dit boekje maak ik duidelijk dat de tendens en het handelen van de lokale politiek een compleet media circus is. U ziet het dagelijks: De ontelbare recepties, redevoeringen, aanvallen, processen, en vechtende politici in de vele kranten. Het is duidelijk dat er veel verzwegen wordt en nog meer onwaarheden geplaatst kunnen worden achter hun namen. Het is duidelijk dat je een verhaal kan verkondigen wat klakkeloos wordt overgenomen zonder enkele controle mits het in het straatje past van de mediamachine.

Wil je een land beheersen, pak de media aan en verkondig wat jouw inzichten zijn. Grote leiders hebben dat in het verleden gedaan zoals Hitler, Stalin, Castro, Roosevelt en Bush, om er maar enkele te noemen. Ze hebben allemaal via de media hun oorlogen gestart en hebben die gekregen door de mensen om te praten. Dit is al eeuwen zo en de mens blijft er met hun grote voeten intrappen. Nu het nieuwe medium is opgekomen, internet, is de hel helemaal los gebroken. Want nu gaan de verschillende mediamachines zich verdringen op het net.

Een andere slinkse manier om de mensen in de ban te krijgen is nog altijd het gegeven 'dom houden die hap'. Daar is een nieuwe variant op gekomen. De eindeloze computerspelletjes online of in de verschillende boxen die er te koop zijn. Geweld, doden, oorlogen, bezitten en stelen zijn de meest gewilde spelletjes. Kinderen zitten uren achter deze apparaten en worden werkelijk mentaal en fysiek leeg gezogen. Ze denken virtueel en ze handelen virtueel.

Ze weten niet meer het verschil tussen dit leven en hun spelletje. Deze opzet, die overigens een van de grootste verslaving aan het worden is, heeft alle aandacht van het systeem. Er is geen betere manier om de jonge kinderen te indoctrineren. In zeer veel spelletjes zijn vele, niet direct zichtbare beelden geplaatst die je hersenen wel oppikken en op een later tijdstip doen laten uitvoeren.

Het kan nog erger, want via deze zelfde spelletjes kun je de kinderen zo opvoeden dat ze werkelijk in het leven ontsporen. Een geweldige oplossing voor de overbevolking en lastige gasten die alleen een last zijn voor de maatschappij. Dit gaat zeer ver en ik heb zelf eens naar een internet game zitten kijken, waarin verschillende mensen rond de wereld oorlog voerden met elkaar, online. Het leek net of je er midden in stond maar tussen de beelden door zag je wat anders. Dat heeft me altijd vast blijven houden, namelijk wat een media als spelen en pers kunnen doen voor een systeem. Iets wat je nu regelmatig ziet bij de vele school- en gezinsmoorden die overal de kop opsteken. Geprogrammeerde jongeren die leven in een virtuele wereld en zo levende medeburgers van vlees en bloed elimineren. Door dit toedoen heeft o.a. heer Bush honderden duizenden dode mensen op zijn geweten staan waaronder de moorden in New York maar er zijn vele leiders die er niet veel beter vanaf komen.

Wereldwijd worden vele fratsen uitgehaald om elk nieuw mens te domineren. En er zijn er maar zeer weinig die deze bombardementen van hersenspoelingen heelhuids overleven. Het huisje boompje beestje, het grote geld, de luxe wagen en liefst een boot zijn de middelen waar 75% van de bevolking voor valt. De overige 24.9% wordt opgeslokt door een geloof en voor een of ander dictatuur. Pijnlijk te zien en te weten en zeker als je door deze ballon heen prikt. Zelfs grote geleerden die tot zeer grote ontdekkingen zijn gekomen, hebben op een gegeven moment de wereld vanuit een ander oogpunt gezien en werden binnen de kortste keren voor gek bestempeld. Begrijpelijk, want deze mensen kwamen in een groot conflict met het systeem en de werkelijke wereld. Veel theorieën zijn tot wankelen gebracht maar worden angstvallig in stand gehouden omdat het systeem geen antwoord op heeft gevonden. Een voorbeeld is de kwantumtheorie.

Lokaal is het op een kleinere schaal, maar de huidige regeerders hebben wel de tientallen doden en vele zwaar zieke mensen op hun geweten door o.a. het opzettelijk openhouden van een oude rokende roestbak, buiten de vele onzinnige en dubieuze beslissingen die er genomen worden. Gezien de vriendjespolitiek en de zeer vele politieke - en dubieuze benoemingen. Deze leiders slapen kennelijk nog en durven ook nog mensen onder ogen te komen. Maar als u goed opmerkt is er geen een van hen die je in je ogen aan durft te kijken! Erger nog, ze draaien weg en zijn allemaal bang voor een contact dieper naar hun ziel. Al die leiders en al die bestuurders die verhalen staan te verkondigen tegen beter weten in, hebben duidelijk wereldwijd een ding gemeen; Deze wezens zijn geen humane mensen maar zijn marionetten gecreëerd door een ziekelijk systeem die hen belonen voor hun daden.

Wereldwijd zijn we beland in een crises. Ik bedoel niet die van geld, die momenteel kunstmatig gecreëerd wordt om zo vele mensen de nek om te draaien. Nee, een crises die al duizenden jaren zich afspeelt. We praten over de crises van het successievelijk afslachten van het menselijk ras. We worden te veel op deze aarde en de spoeling wordt dun.

Er zijn mensen bij, die je moet zoeken in het monetaire fonds, die over lijken gaan voor een cent en waar miljarden alleen nog maar tellen. Bij deze mensen speelt buiten geld nog een ander fenomeen parten en dat is macht. Macht om alles te bezitten wat er maar kan leven, groeien en bloeien op deze aarde. We blijven de wereld vervuilen terwijl er al vele alternatieven zijn voor energie die onuitputtelijk is. Maar wat gebeurt er, goede projecten worden opgekocht en verdwijnen.

Mensen worden voor alternatieven vermoord en het zal duidelijk zijn dat een ieder die maar iets tegen het systeem onderneemt de kop wordt ingedrukt.

Dat is duidelijk na het uitbrengen van mijn persbericht tegen de corruptie. Grotendeels heeft de lokale - en Nederlandse pers dat persbericht genegeerd en gaf het nauwelijks aandacht. Nee, want er waren wat punten bij die de heren en vrouwen uit de maatschappij niet bevallen. Het moest in allerijl de kop ingedrukt worden en er mocht zeker niets geplaatst worden.

Lokaal waren er maar 2 kranten die er aandacht aan besteedden en daar was het mee af. Noch de radio, noch de TV deden iets of maakten een melding. Kan ook niet anders want wie gaat nu iets plaatsen waar ze zelf in zitten?

Democratie? Mensen, wordt wakker, er is geen democratie want waarom mogen we dan niet gaan vechten tegen de corruptie en zijn systeem? Moet ik dieper op ingaan? Goed, bij het plaatsen van het stuk over MKK werden er al vreemde geluiden gesignaleerd. Mensen die o zo hard riepen dat ze tegen corruptie waren, werden stil en zelfs de politiek houdt zich slapende. Er wordt met man en macht gewerkt om alles tegen te werken zoals het op deze eilanden altijd aan toe gaat wanneer het te heet onder hun voeten wordt.

Toen een vooraanstaande persoon, politici op corruptie aanviel, werd hij 'persona non grata' verklaard en later viel de beurt aan een Nederlandse politicus. De mensen zijn o zo bang dat er werkelijk gecontroleerd gaat worden. Al eens opgevallen wie er altijd in commissies voorkomen die zaken moeten onderzoeken? Dat zegt al genoeg want wat gebeurt er met dat rapport .... niets.

Niets doen/ondernemen is de oorlog die de lokale machtige heren voeren tegen lastposten. Er wordt niet meer gereageerd, gebeld, ook niet gesproken. We laten het doodbloeden. Iets wat ze ook menen te doen aan de 80 miljoen schadeclaim van 3 Cubaanse slaven bij het DOK. Niets doen we en we bloeden dood. Toch gaat dit al aardig de mist in, want deze gasten die menen op dit eiland de baas te zijn, zijn werkelijke marionetten van wat grotere landen. Die landen zijn weer marionetten van een nog groter land en die zijn marionet van..... het systeem en zijn paar machtswellusten.

Wat er nu gaande is, is dat de eilanden menen macht te hebben en denken werkelijk alles te onderdrukken en te verzwijgen. Toch is er al een wending gaande en die zal ik iets later in een hoofdstuk met u doornemen.

Even nog als laatste opmerking voor dit hoofdstuk. Door het verzwijgen, negeren en niet plaatsen of tegenhouden van informatie zal de politiek dalen naar een absolute diepte punt en zo op alle fronten gaan verliezen.

2.12: Wat ik meen te bereiken

Simpel. Namelijk inzicht van de burgers wat er werkelijk gebeurt met hen.

Je merkt al dat er een verandering aan het komen is en heel langzaam durven de mensen voor hun mening uit te komen. Wat ik wil bereiken van het schrijven van deze stukjes is duidelijk. Ogen openen van onze burgers!

Momenteel worden onze eilanden geregeerd door niet kapabele mensen die werkelijk voor hun eigen zitten en dagelijks hun ego strijken en toezien hoeveel ze in de publiciteit kunnen komen. Daar heb je dus als land weinig aan. Werkelijke leiders komen zelden of nooit op de voorgrond. Ze hebben daar simpelweg geen tijd voor. Elk handje schudden, elk feestje en elke receptie waar een leider zich bevindt is een tekort, naar het besturen van een land. Al deze waardeloze domme energie zou elders in gestoken kunnen worden. Maar zij hebben het nodig, nodig voor hun eigen ego.

Voor mij zit er geen werkelijk doel achter, geen werkelijke richting en is het meer het aantonen van de macht die misbruikt wordt in deze maatschappij. Zelf heb ik vele andere dingen te doen en al zou u dat niet geloven, al dat geschrijf is maar een bijzaak. Het is voor mij een hobby, een afleiding en mooier nog, een project wat aantoont hoe rot het systeem werkt en draait. Bewijzen ten over en dagelijks worden mijn elektronische files groter. Het nagaan van diepere problemen en werkelijke wereldproblemen fascineren me en vanuit die informatie worden veel doorzichtige politiekvoering op deze eilanden al snel duidelijk.

Door dat te signaleren en het te publiceren zal het zelf zijn weg vinden en zal er altijd een menselijk wezen zijn die het eens anders gaat bekijken. Ik heb meer bereikt want er zijn meerdere mensen die dat inzicht hebben gekregen en nu de 'wijzen' aan de tand voelen waarom zij menen zo te moeten handelen. Dat is meer dan wat ik had durven dromen dus ik kan tevreden terug zien naar deze tijd. Zelf ga ik nu een stap verder en zal het overlaten aan diegenen die het door hebben gekregen en misschien na het lezen van dit boekje bij hen ook een belletje gaat rinkelen.

Zo niet, even goede vrienden want hoe vreemd het ook zal klinken in uw oren; ik heb geen vijanden. Ik heb ook nooit gevochten en zie elk mens als een gelijke. Nu, ga daar maar eens aan staan en kijk eens hoever u zal komen. Niet belangrijk voor u! Ook geen probleem, er komen zeker nog zeer veel situaties op uw pad die uw gedachten eens zullen veranderen en u in laten zien. Maak u niet ongerust, uw tijd komt ook nog.

Zo ziet u, ik heb alles bereikt wat ik met dit project wilde bereiken en dat is een heerlijk gevoel, wat me verder zal brengen naar mijn algemeen doel. Of u nog iets van me zal horen? Dat laat ik open. Projecten kunnen bij mij van de ene op de andere dag starten en ik ben nooit te oud om nog dingen aan te pakken. Nu ga ik verder met het nu en de bezigheden die me al mijn leven lang bezig houden.

2.13: Wat we kunnen doen om het leven hier op deze eilanden te verbeteren

Alles! Alles kunt u doen; het aanpakken in elke vorm van hulp tot het verder brengen van een beter leven en mensen laten zien wat er werkelijk gaande is met onze besturen en economie. Open uw ogen en die van de mensen om u heen. Een goed voorbeeld zou kunnen zijn om eens wat meer dingen op te zoeken op het net. Laat u informeren door de buitenwereld en anderen en ga kijken of u een weg vindt om die te bewandelen. Ik kan u die weg niet geven omdat die voor iedereen anders is maar u kunt wel uw voelhorens gaan gebruiken wat u kunt gaan doen voor uw medemens.

Er is veel hulp nodig maar die hulp moet vooral zijn; een economie die geleid wordt door een systeem die niet mee snoept van uw acties. Het is zaak dat er een groep mensen ontstaat die weten dat er meer mogelijk is dan wat het systeem ons voorhoudt. Een geloof? Een sekte? Och, mensen hou op. Stop met al die kortzichtige gedachten, u gedraagt zich werkelijk als een eilandbewoner die niet veel van de buitenwereld weet! Ga gewoon eens op een rijtje zetten waar u momenteel mee bezig bent.
Kijk……..
-        Waar al uw tijd naar toe gaat.
-        Waar uw inkomen blijft.
-        Waar uw energie in verloren gaat.
-        Hoe uw gezondheid is.

Heeft u dat nu op papier staan voor u?

Ga zitten in een stoel en laat de schok over u heen komen. Met al uw harde werken moet u, u werkelijk in alle bochten wringen om een zgn. goed leven te hebben. U zult belastingen moeten omzeilen, rekeningen laten dekken door banken en banken ontwijken om er zelf wat beter van te worden. Kortom in de huidige maatschappij is het werkelijk ONMOGELIJK nog op een nette manier genoeg geld te verdienen om uw rijk leventje te kunnen leiden.

Daarom zijn er vele uitspraken die gebruikt worden. Want, wil je leven zoals velen aan de buitenwereld laten zien, dan is het niet erg pluis. Deze bewijzen weten ook de instanties en zo ook het systeem. Maar gelukkig voor velen, zijn ook daar mensen aan het werken die een extra duit kunnen gebruiken en zo koopt de een de ander. Corrupt? Nee hoor! Hoe kom je daarbij! Je maakt gewoon gebruik van een ander zijn zwakheden. Lukt dat niet dan kunnen we hem altijd nog onder druk zetten. En dan is de cirkel rond en is iedereen aan elkaar gelinkt.

We zullen dat dan maar geen corruptie noemen 'maar het gebruik maken van de mogelijkheden'. En de uiteindelijke winnaar is......... het systeem, die beiden na een tijd te laten aanmodderen, in de tang krijgt.

Mensen slaap zacht, denk nergens meer over na en droom verder, maar het zal je geen oplossing geven in de huidige proble-men.

Wat ik bereikt heb is verder dan een slavernij, of afhankelijk zijn.Als de bank vandaag mij uitsluit en de verdere instanties mij willen intimideren staan ze voor een niets, een nul en een man die niet bestaat voor hun systeem. Al zagen ze dagelijks mijn stukken in de kranten. Voor hun systeem is er weinig wat er van mij rest.

Verder zou het eens goed zijn als de leiders elkaar minder in de haren zouden vliegen. Juist de mensen die een voorbeeldfunctie hebben vechten dagelijks onder elkaar om de meest onzinnige dingen. Om de haverklap vechten regeerders in de rechtbank voor hun recht maar komen veelal uit met de wijsheid dat er geen recht is en dat het werkelijke recht krom is! Het zijn juist die vechtende politici die nu bewijzen dat ze niet kundig zijn en capabel voor hun beroep. Een ware bestuurder, zowel in de politiek maar ook in de bedrijfswereld, weet zich te handhaven. Niet via processen, openlijk aanvechten of aan te vallen, maar een ware leider weet en kent de wegen van het werkelijke leven en maakt daar gebruik van.

Het systeem controleert niet mij, maar ik controleer het systeem. Het is niet mijn bedoeling om te controleren maar het signaleren van onjuistheden. Alleen dat, brengt al genoeg stof in de ruimte. Ik bewonder diegenen die zwerven en lak hebben aan een systeem, lak hebben aan welke autoriteit dan ook en lak hebben aan kledij die zgn. de mens maakt.

De grootste farce in een menselijk leven en in de maatschappij, zijn de kleren. Uitspraken van 'kleren maken de man of vrouw' zijn werkelijk uitspraken gemaakt door mode ezels. Kleren verbergen het persoonlijke uiterlijk/omhulsel maar kunnen je karakter, je uitstraling en je ware aard NOOIT verbergen.

De kleren zijn niet energie bestendig en zijn niet gemaakt om dingen te verbergen, want al gaat u gehuld in het dikste pak, grootste hoed, laat ik u wat zeggen, u gaat naakt de wereld in. De energie die u nog bij u draagt zal door kleren niet verborgen worden. Ik heb om die reden daarom altijd geweigerd aan deze farce mee te doen. Ik loop in de kleren rond die mij prettig zitten en waar ik me die dag goed in voel en daar heb ik geen galg of deksel voor nodig. De mensen die mij kennen, weten dat ik veelal in een korte broek, slippers en een shirt loop. Dat alles heeft bij recepties en officiële gelegenheden voor vele problemen gezorgd. Er is zelfs eenmaal voor een receptie van een vriend van mij bij de Gouverneur een aangepaste 'dress code' ingevoerd om mij te kunnen ontvangen.

Ik ben nu blij dat niemand mij meer vraagt en blij dat de periode exposities afgelopen is waar ik met vele apen in een pakje moest vertoeven en aanhoren hoe geweldig dit of dat was. Mensen die geheel leeg zijn en geheel opgegeven in het leven want hun energie was op, verbruikt. Leeg gezogen door een maatschappij die alleen nog een karkas over laat. Vele van deze karkassen zie ik, als ik af en toe nog eens in de stad kom. Vele mensen zijn leeg, uitgeput en leeggezogen. In de duurste kleren, sieraden en een Rolex, menen ze dat ze nog leven. Liefst ook nog meerdere malen opgetrokken en gespoten. Pijnlijk om te zien en erger nog, vele van deze mensen menen dat ze het 'gemaakt' hebben in hun leven. Jammer, maar helaas beste mensen, u bent een deel van een uitgelezen systeem en nu bent u niets meer dan een leeg omhulsel.

2.14: Wat u kunt doen

Wat u kunt doen is kort en krachtig.

- Haal die prut uit uw ogen en kijk om u heen wat er werkelijk gaande is.

- Zet die angst uit uw lijf en kom in actie.

- U kunt gaan leren lezen in die publicaties die werkelijk wat te zeggen hebben. En er zijn op het internet vele geschriften die gelukkig nog openlijk te lezen zijn. Bewijzen over de werkwijze van diverse regeringen en hun meesters.

- Zorg dat je mondig gaat worden en laat niet alles met je gebeuren en laat de angsten vallen, want wat kan er werkelijk met u gebeuren. Ze kunnen niet de hele mensheid illumineren want dan moeten ze gaan commanderen in hun eigen groep. Er zijn mensen nodig die onderdrukt kunnen worden en in hoeverre laat u dat toe?

- Geloof niet wat op de TV, kranten en radio u voorgelogen wordt. Grotendeels zijn het verzinsels en valse informaties die u moeten overtuigen wat er allemaal gaande is op deze wereld in dit systeem. Een virtuele wereld draaiend om een matrix.

- Ga zelf op zoek. Wat een goede leermeester is:
  Ga de natuur in.

- Nogmaals wat ik al vele malen gesteld heb: Het aansluiten bij een politieke partij of u vastpinnen aan een bank, verzekering of welke maatschappij dan ook is het afgeven van uw vrijheid en de ingang naar …… dat u de slaaf wordt van deze maatschappij en zijn systeem.

- Geloven is niet vereren van een of ander symbool. Er is geen God die u zal helpen. Er is geen God die oorlogen uitlokt. Als er geholpen wordt, bent u het die dat teweeg heeft gebracht. Ga geloven in uw eigen krachten en eigen mogelijkheden en u zult versteld staan wat er allemaal om u heen gaat veranderen.

- De wereld; ga die zien als een rond bolletje waar u op een afstand naar kijkt. Bedenk dan, dat daar op dat bolletje miljarden mensen leven met allemaal hun problemen. Hoe voelt uw probleem dan aan?

- Het is belangrijk dat u niet alles meer neemt en dat er eens gedacht wordt buiten de wetten en regels om van onze maatschappij. Ga inzien wat de maatschappij met u doet en kijk dan welke wegen zich gaan openen.

- Spelletjes, vergeet ze, in elk spel zit minimaal een verborgen boodschap. Het zijn werkelijk meesters in het manipuleren van de mensheid, verslavend en met grote trefzekerhed.

2.15: Enkele punten om over na te denken

- In dit boek heb ik als enig plaatje staan, wat een van de weinig goede publicaties was in een van de kranten, lees dat en ga er over na denken.

'A dead thing can go with the stream, but only a living thing can go against it.'

G.K.Chesterton

(Engelse criticus en schrijver, 1874 - 1936)

- Mensen, we worden geleefd en we worden al duizenden jaren als slaven behandeld.Slaven van een systeem en zijn maatschappij.

Bedenk even en laat het op u inspelen dat;
- *U moet naar uw werk en minimaal 8 uren per dag werken, minimaal 6 dagen per week.*
- *U krijgt een schamelloon wat daarna grotendeels afgepakt wordt door verzekeringen, belasting, hypotheek en schulden.*
- *Blijft dan over, een paar centen om van te leven en de winnaar is …….. het systeem!*

140

- *U werkt werkelijk om aan de noden te voldoen van het systeem.*
- *U werkt om alles zo goed mogelijk in goede banen te leiden en uw kinderen het beste te geven.*
- *Als u dat volbracht heeft mag u, mocht u nog leven, met je 60ste, met pensioen en dan?*
- *Dan wordt u ziek, zwak en gaat u snel bergafwaarts.*
- *De rijken hebben iets meer speling want die hebben de mogelijkheid iets meer tijd te kopen bij de dokter. De gewone burger zal sterven na een leven van werken en betalen!*

Het overdenken waard, meent u niet?

- Je komt op deze wereld en doet je best om een standaard te halen. Dan kom je erachter dat je alleen achteruit gaat en steeds meer vrijheid verspeeld hebt.

- Indigo kinderen, die kinderen die spraakzaam, integer, maar ook zwijgzaam zijn als het nodig is, maar daarnaast intelligent zijn en een eigen wil hebben. Zij weten wat ze gaan starten. Vreemd dat deze kinderen nu opduiken en steeds talrijker worden? Nee, zij zijn onze toekomst, hoe wij ze ook onderdrukken en wat we ook daar tegen hen doen. Zij weten meer en doorzien de huidige situatie. Ze geven daar niet aan toe en dat maakt voor de toekomst een gevaar voor het huidige systeem.

\-   Als een mens gezien alle kaarten en rekeningen,
        een nummer is, een getal waar geen basis voor is,
        waar staan wij dan werkelijk voor als burger?

\-   We komen met werkelijk niets op deze wereld.
        Naakt geboren, gecreëerd door twee mensen die de liefde
        bedreven.
        We sterven en vertrekken van deze aarde weer met niets,
        naakt liggend in een kist.
        Met mensen om je kist, jawel, die jou lief hadden.

Conclusie

De conclusie zou een regel kunnen omvatten en die is;

De burgers, waar ook ter wereld, maar ook op deze eilanden, worden geregeerd door enkele individuen die er op uit zijn mensen te onderdrukken en te manipuleren.

Deze zin zegt alles en is de enige waarheid die we moeten weten. Van de dag dat je in de wieg belandt tot de dag dat je in je kist ligt is alles al voor je bepaald. Letterlijk alles is gegoten in een vorm die het systeem voor je bedacht heeft. Zeer zelden zijn er mensen die de dans ontspringen maar deze worden veelal gezien als gekken of als onruststokers. Die worden in medische - en correctie instituten ondergebracht en zijn geen gevaar meer voor een systeem dat enkel en alleen is om te vergaren en te domineren. Met het middel geld wat werkelijk niets waard is, worden mensen in de tang gehouden. Mensen die verleid worden om leningen aan te gaan, hypotheken te nemen of bedrijfskapitaal om zo hun droom, die overigens ingeprent is door dat zelfde systeem, te verwezenlijken. Van de dag van geboorte moet er 'geleerd' worden wat het systeem je oplegt en wordt er een droom gecreëerd van een gezin, eigen huis, kinderen en een boot. Als het nog even kan een eigen zaak! Zaken die je alleen maar toe doen zetten om geld te vergaren want anders kun je, je droom niet verwezenlijken, toch? De gehele opzet van een ziek systeem is opgetrokken door macht, ego en verderf. De vele moorden, zelfs van hun eigen volk, en dan nog in de naam van hun land of een God, zijn werkelijk voorbeelden waar je van walgt. Maar ook de corruptie, maffia en de vele geloven doen daar nog eens een schepje boven op.

Ook zij doen er alles aan om meer macht te verkrijgen en mensen worden werkelijk onderdrukt, misbruikt en als het moet vermoord.

Onze nieuwe generatie kinderen zijn capabel om dit aan te pakken en ze hebben duidelijk een weg gevonden om deze stinkende open wond te verwijderen. Ze luisteren gewoonweg niet wat er hen opgelegd wordt en doen wat zij vinden wat goed is. Ze werken via gevoel en ingevingen, iets wat de mens in de vele duizenden jaren grotendeels is verleerd. Ze komen werkelijk in alle lagen van de bevolking voor en er zijn er al die al hun stem doen gelden. Mandela , Obama en enkele andere wereldleiders zijn nu niet voor niets zo geliefd! Ook zij zien in dat de wereld niet te redden valt met oorlogen en verdrukking.

In de vele jaren dat ik bezig ben het systeem te ontrafelen, heeft dat zelfde systeem aan mij duidelijk bewezen waar het voor staat, waar het mee bezig is en waar het denkt naar toe te gaan. Het systeem heeft momenteel dezelfde gedachtegang die o.a. ook Hitler tentoonstelde en daarvoor menig andere grote leiders: Het beheersen van de gehele wereld door enkele personen!

Denk even aan uw paspoort, OV kaart, Veri chip en zelfs uw credit card. Waar deze chips allemaal voor dienen is puur om u te achterhalen en te controleren. Uw social security number, identiteitsbewijs, bankrekeningen of uw sedula nummers, al deze die van u mens, van vlees en bloed, nummers maken! Zonder die nummers bent u geen mens en zo ook heeft u geen rechten in het huidige systeem!

144

Nu weet ik dat u misschien meent dat alles erg simpel is weergegeven. Dat klopt omdat het allemaal simpel is! Het is het systeem dat o zo graag alles complex wil maken. Kijk maar eens naar de beurzen en hun noteringen en al het cijferwerk daaromheen. Alles zo complex mogelijk gehouden zodat de 'gewone burger' daar nauwelijks iets van begrijpt.

Ook het bewust complex houden en maken van rapporten, wetten en regels is een opzet van een systeem dat de burgers moet laten denken dat zij afhankelijk zijn van dat systeem.

Het geheel is simpel, erg simpel en dat moet u eens doorhebben, zien en voelen. We zijn slaven, slaven van een systeem.

Dit zijn de dingen waar u eens over na moet gaan denken. Plaats dat dan in de dagelijkse gang van zaken en u zult zien waar alles om draait.

Ik wens u allen een fijne reis.

Boeken geschreven door John Baselmans:

Drawing courses

Drawing course John Baselmans   ISBN 978-0-557-01154-4 (Soft cover)

The secret behind my drawings   ISBN 978-0-557-01156-8 (Soft cover)

The world of drawing humans   ISBN 978-0-557-02754-5 (Soft cover)

The world of drawing humans (bl/w) ISBN 978-1-4092-5186-6 (Soft cover)

Other books

Ingezonden   ISBN 978-1-4092-1936-1 (Soft cover)

Eilandje bewoner   ISBN 978-1-4092-1856-2 (Pocket)

Eilandje bewoner - Luxe edition   ISBN 978-1-4092-2102-9 (Hard cover)

Eilandje bewoner Part 2   ISBN 978-0-557-00613-7 (Pocket)

Eilandje bewoner - Bundle   ISBN 978-0-557-01281-7 (Soft cover)

World of positive energy - Illustrated ISBN 978-0-557-01281-7 (Soft cover)

U kunt deze boeken bestellen op de website;
http://www.johnbaselmans.com/Books/Books.htm

www.ingramcontent.com/pod-product-compliance
Lightning Source LLC
Chambersburg PA
CBHW071718170526
45165CB00005B/2056